# TAILANDESE

## VOCABOLARIO

**PER STUDIO AUTODIDATTICO**

# ITALIANO-
# TAILANDESE

Le parole più utili
Per ampliare il proprio lessico e affinare
le proprie abilità linguistiche

## 3000 parole

# Vocabolario Italiano-Thailandese per studio autodidattico - 3000 parole
Di Andrey Taranov

I vocabolari T&P Books si propongono come strumento di aiuto per apprendere, memorizzare e revisionare l'uso di termini stranieri. Il dizionario si divide in vari argomenti che includono la maggior parte delle attività quotidiane, tra cui affari, scienza, cultura, ecc.

Il processo di apprendimento delle parole attraverso i dizionari divisi in liste tematiche della collana T&P Books offre i seguenti vantaggi:

- Le fonti d'informazione correttamente raggruppate garantiscono un buon risultato nella memorizzazione delle parole
- La possibilità di memorizzare gruppi di parole con la stessa radice (piuttosto che memorizzarle separatamente)
- Piccoli gruppi di parole facilitano il processo di apprendimento per associazione, utile al potenziamento lessicale
- Il livello di conoscenza della lingua può essere valutato attraverso il numero di parole apprese

T&P Books Publishing
www.tpbooks.com

ISBN: 978-1-78767-247-5

Questo libro è disponibile anche in formato e-book.
Visitate il sito www.tpbooks.com o le principali librerie online.

# VOCABOLARIO THAILANDESE
## per studio autodidattico

I vocabolari T&P Books si propongono come strumento di aiuto per apprendere, memorizzare e revisionare l'uso di termini stranieri. Il vocabolario contiene oltre 3000 parole di uso comune ordinate per argomenti.

- Il vocabolario contiene le parole più comunemente usate
- È consigliato in aggiunta ad un corso di lingua
- Risponde alle esigenze degli studenti di lingue straniere sia essi principianti o di livello avanzato
- Pratico per un uso quotidiano, per gli esercizi di revisione e di autovalutazione
- Consente di valutare la conoscenza del proprio lessico

**Caratteristiche specifiche del vocabolario:**

- Le parole sono ordinate secondo il proprio significato e non alfabeticamente
- Le parole sono riportate in tre colonne diverse per facilitare il metodo di revisione e autovalutazione
- I gruppi di parole sono divisi in sottogruppi per facilitare il processo di apprendimento
- Il vocabolario offre una pratica e semplice trascrizione fonetica per ogni termine straniero

**Il vocabolario contiene 101 argomenti tra cui:**

Concetti di Base, Numeri, Colori, Mesi, Stagioni, Unità di Misura, Abbigliamento e Accessori, Cibo e Alimentazione, Ristorante, Membri della Famiglia, Parenti, Personalità, Sentimenti, Emozioni, Malattie, Città, Visita Turistica, Acquisti, Denaro, Casa, Ufficio, Lavoro d'Ufficio, Import-export, Marketing, Ricerca di un Lavoro, Sport, Istruzione, Computer, Internet, Utensili, Natura, Paesi, Nazionalità e altro ancora ...

# INDICE

# GUIDA ALLA PRONUNCIA

| Alfabeto fonetico T&P | Esempio thailandese | Esempio italiano |
|---|---|---|

## Vocali

| | | |
|---|---|---|
| [a] | ห้า [hâ:] – hâa | macchia |
| [e] | เป็นลม [pen lom] – bpen lom | meno, leggere |
| [i] | วินัย [wi? naj] – wí–nai | vittoria |
| [o] | โกน [ko:n] – gohn | notte |
| [u] | ขุ่นเคือง [kʰùn kʰɯ:aŋ] – khùn kheuang | prugno |
| [aa] | ราคา [ra: kʰa:] – raa–khaa | scusare |
| [oo] | ภูมิใจ [pʰu:m tɕaj] – phoom jai | discutere |
| [ee] | บัญชี [ban tɕʰi:] – ban–chee | scacchi |
| [eu] | เดือน [dɯ:an] – deuan | Come [u], vocale posteriore alta, ma senza le labbra arrotondate. |
| [er] | เงิน [ŋɤn] – ngern | Come [o], vocale posteriore, ma senza le labbra arrotondate. |
| [ae] | แปล [plɛ:] – bplae | essere |
| [ay] | เลข [lê:k] – lâyk | essere |
| [ai] | ไปป์ [paj] – bpai | marinaio |
| [oi] | โพย [pʰo:j] – phoi | vassoio |
| [ya] | สัญญา [sǎn ja:] – sǎn–yaa | piazza |
| [oie] | อบเชย [ʔòp tɕʰɤ:j] – òp–choie | Combinazione [ə:i] |
| [ieo] | หน้าเชียว [nâ: si:aw] – nâa sieow | KIA (auto) |

## Consonanti iniziali

| | | |
|---|---|---|
| [b] | บาง [ba:ŋ] – baang | bianco |
| [d] | สีแดง [sǐ: dɛ:ŋ] – sěe daeng | doccia |
| [f] | มันฝรั่ง [man fà ràŋ] – man fà–ràng | ferrovia |
| [h] | เฮลซิงกิ [he:n siŋ kì?] – hayn–sing–gì | [h] aspirate |
| [y] | ยี่สิบ [jî: sìp] – yêe sip | New York |
| [g] | กรง [kroŋ] – grorng | guerriero |
| [kh] | เลขา [le: kʰǎ:] – lay–khǎa | [k] aspirate |
| [l] | เล็ก [lék] – lék | saluto |
| [m] | เมลอน [me: lɔ:n] – may–lorn | mostra |
| [n] | หนัง [nǎŋ] – nǎng | notte |
| [ng] | เงือก [ŋɯ:ak] – ngêuak | fango |
| [bp] | เป็น [pen] – bpen | pieno |
| [ph] | เผา [pʰǎw] – phào | [p] aspirate |
| [r] | เบอร์รี่ [bɤ: rî:] – ber–rêe | ritmo, raro |
| [s] | ซ้อน [sôn] – sôrn | sapere |
| [dt] | ดนตรี [don tri:] – don–dtree | tattica |
| [j] | ปั้นจั่น [pân tɕàn] – bpân jàn | come [tch] ma più schiacciato |

| Alfabeto fonetico T&P | Esempio thailandese | Esempio italiano |
|---|---|---|
| [ch] | วิชา [wi? tɕʰaː] – wí–chaa | [tsch] aspirate |
| [th] | แถว [tʰɛːw] – thǎe | [t] aspirate |
| [w] | เคียว [kʰiːaw] – khieow | week-end |

## Consonanti finali

| | | |
|---|---|---|
| [k] | แม่เหล็ก [mɛː: lèk] – mâe lèk | cometa |
| [m] | เพิ่ม [pʰɤːm] – phêrm | mostra |
| [n] | เนียน [niːan] – nian | notte |
| [ng] | เป็นห่วง [pen hùːaŋ] – bpen hùang | fango |
| [p] | ไม่ขยับ [mâj kʰà ja p] – mâi khà–yàp | pieno |
| [t] | ลูกเป็ด [lûːk pèt] – lôok bpèt | tattica |

## Note di commento

Tono medio - [ā] การคูณ [gaan khon]
Tono basso - [à] แจกจ่าย [jàek jàai]
Tono decrescente - [â] แต่ม [dtâem]
Tono alto - [á] แช็กโซโฟน [sáek-soh-fohn]
Tono crescente - [ǎ] เนินเขา [nern khǎo]

# ABBREVIAZIONI
## usate nel vocabolario

## Italiano. Abbreviazioni

| | | |
|---|---|---|
| agg | - | aggettivo |
| anim. | - | animato |
| avv | - | avverbio |
| cong | - | congiunzione |
| ecc. | - | eccetera |
| f | - | sostantivo femminile |
| f pl | - | femminile plurale |
| fem. | - | femminile |
| form. | - | formale |
| inanim. | - | inanimato |
| inform. | - | familiare |
| m | - | sostantivo maschile |
| m pl | - | maschile plurale |
| m, f | - | maschile, femminile |
| masc. | - | maschile |
| mil. | - | militare |
| pl | - | plurale |
| pron | - | pronome |
| qc | - | qualcosa |
| qn | - | qualcuno |
| sing. | - | singolare |
| v aus | - | verbo ausiliare |
| vi | - | verbo intransitivo |
| vi, vt | - | verbo intransitivo, transitivo |
| vr | - | verbo riflessivo |
| vt | - | verbo transitivo |

# CONCETTI DI BASE

## 1. Pronomi

| | | |
|---|---|---|
| tu | คุณ | khun |
| lui | เขา | khǎo |
| lei | เธอ | ther |
| esso | มัน | man |
| | | |
| noi | เรา | rao |
| voi | คุณทั้งหลาย | khun tháng lǎai |
| Lei | คุณ | khun |
| Voi | คุณทั้งหลาย | khun tháng lǎai |
| | | |
| loro (masc.) | เขา | khǎo |
| loro (fem.) | เธอ | ther |

## 2. Saluti. Convenevoli

| | | |
|---|---|---|
| Salve! | สวัสดี! | sà-wàt-dee |
| Buongiorno! | สวัสดี ครับ/ค่ะ! | sà-wàt-dee khráp/khâ |
| Buongiorno! (la mattina) | อรุณสวัสดี! | a-run sà-wàt |
| Buon pomeriggio! | สวัสดีตอนบ่าย | sà-wàt-dee dtorn-bàai |
| Buonasera! | สวัสดีตอนค่ำ | sà-wàt-dee dtorn-khâm |
| | | |
| salutare (vt) | ทักทาย | thák thaai |
| Ciao! Salve! | สวัสดี! | sà-wàt-dee |
| saluto (m) | คำทักทาย | kham thák thaai |
| salutare (vt) | ทักทาย | thák thaai |
| Come sta? | คุณสบายดีไหม? | khun sà-baai dee mǎi |
| Come stai? | สบายดีไหม? | sà-baai dee mǎi |
| Che c'è di nuovo? | มีอะไรใหม่? | mee à-rai mài |
| | | |
| Arrivederci! | ลาก่อน! | laa gòrn |
| Ciao! | บาย! | baai |
| A presto! | พบกันใหม่ | phóp gan mài |
| Addio! (inform.) | ลาก่อน! | laa gòrn |
| Addio! (form.) | สวัสดี! | sà-wàt-dee |
| congedarsi (vr) | บอกลา | bòrk laa |
| Ciao! (A presto!) | ลาก่อน! | laa gòrn |
| | | |
| Grazie! | ขอบคุณ! | khòrp khun |
| Grazie mille! | ขอบคุณมาก! | khòrp khun mâak |
| Prego | ยินดีช่วย | yin dee chûay |
| Non c'è di che! | ไม่เป็นไร | mâi bpen rai |
| Di niente | ไม่เป็นไร | mâi bpen rai |
| Scusa! | ขอโทษที! | khǒr thôht thee |
| Scusi! | ขอโทษ ครับ/ค่ะ! | khǒr thôht khráp / khâ |

| | | |
|---|---|---|
| scusare (vt) | ให้อภัย | hâi a-phai |
| scusarsi (vr) | ขอโทษ | khŏr thôht |
| Chiedo scusa | ขอโทษ | khŏr thôht |
| Mi perdoni! | ขอโทษ! | khŏr thôht |
| perdonare (vt) | อภัย | a-phai |
| Non fa niente | ไม่เป็นไร! | mâi bpen rai |
| per favore | โปรด | bpròht |
| | | |
| Non dimentichi! | อย่าลืม! | yàa leum |
| Certamente! | แน่นอน! | nâe norn |
| Certamente no! | ไม่ใช่แน่! | mâi châi nâe |
| D'accordo! | โอเค! | oh-khay |
| Basta! | พอแล้ว | phor láew |

## 3. Domande

| | | |
|---|---|---|
| Chi? | ใคร? | khrai |
| Che cosa? | อะไร? | a-rai |
| Dove? (in che luogo?) | ที่ไหน? | thêe nǎi |
| Dove? (~ vai?) | ที่ไหน? | thêe nǎi |
| Di dove?, Da dove? | จากที่ไหน? | jàak thêe nǎi |
| Quando? | เมื่อไหร่? | mêua rài |
| Perché? (per quale scopo?) | ทำไม? | tham-mai |
| Perché? (per quale ragione?) | ทำไม? | tham-mai |
| | | |
| Per che cosa? | เพื่ออะไร? | phêua a-rai |
| Come? | อย่างไร? | yàang rai |
| Che? (~ colore è?) | อะไร? | a-rai |
| Quale? | ไหน? | nǎi |
| | | |
| A chi? | สำหรับใคร? | sǎm-ràp khrai |
| Di chi? | เกี่ยวกับใคร? | gìeow gàp khrai |
| Di che cosa? | เกี่ยวกับอะไร? | gìeow gàp a-rai |
| Con chi? | กับใคร? | gàp khrai |
| | | |
| Quanti? | กี่...? | gèe…? |
| Quanto? | เท่าไหร่? | thâo rài |
| Di chi? | ของใคร? | khŏrng khrai |

## 4. Preposizioni

| | | |
|---|---|---|
| con (tè ~ il latte) | กับ | gàp |
| senza | ปราศจาก | bpràat-sà-jàak |
| a (andare ~ …) | ไปที่ | bpai thêe |
| di (parlare ~ …) | เกี่ยวกับ | gìeow gàp |
| prima di … | ก่อน | gòrn |
| di fronte a … | หน้า | nâa |
| | | |
| sotto (avv) | ใต้ | dtâi |
| sopra (al di ~) | เหนือ | nĕua |
| su (sul tavolo, ecc.) | บน | bon |
| da, di (via da …, fuori di …) | จาก | jàak |

| di (fatto ~ cartone) | ทำใช้ | tham chái |
| fra (~ dieci minuti) | ใน | nai |
| attraverso (dall'altra parte) | ข้าม | khâam |

## 5. Parole grammaticali. Avverbi. Parte 1

| Dove? | ที่ไหน? | thêe nǎi |
| qui (in questo luogo) | ที่นี่ | thêe nêe |
| lì (in quel luogo) | ที่นั่น | thêe nân |

| da qualche parte (essere ~) | ที่ใดที่หนึ่ง | thêe dai thêe nèung |
| da nessuna parte | ไม่มีที่ไหน | mâi mee thêe nǎi |

| vicino a ... | ข้าง | khâang |
| vicino alla finestra | ข้างหน้าต่าง | khâang nâa dtàang |

| Dove? | ที่ไหน? | thêe nǎi |
| qui (vieni ~) | ที่นี่ | thêe nêe |
| ci (~ vado stasera) | ที่นั่น | thêe nân |
| da qui | จากที่นี่ | jàak thêe nêe |
| da lì | จากที่นั่น | jàak thêe nân |

| vicino, accanto (avv) | ใกล้ | glâi |
| lontano (avv) | ไกล | glai |

| vicino (~ a Parigi) | ใกล้ | glâi |
| vicino (qui ~) | ใกล้ๆ | glâi glâi |
| non lontano | ไม่ไกล | mâi glai |

| sinistro (agg) | ซ้าย | sáai |
| a sinistra (rimanere ~) | ข้างซ้าย | khâang sáai |
| a sinistra (girare ~) | ซ้าย | sáai |

| destro (agg) | ขวา | khwǎa |
| a destra (rimanere ~) | ข้างขวา | khâang kwǎa |
| a destra (girare ~) | ขวา | khwǎa |

| davanti | ข้างหน้า | khâang nâa |
| anteriore (agg) | หน้า | nâa |
| avanti | หน้า | nâa |

| dietro (avv) | ข้างหลัง | khâang lǎng |
| da dietro | จากข้างหลัง | jàak khâang lǎng |
| indietro | หลัง | lǎng |

| mezzo (m), centro (m) | กลาง | glaang |
| in mezzo, al centro | ตรงกลาง | dtrorng glaang |

| di fianco | ข้าง | khâang |
| dappertutto | ทุกที่ | thúk thêe |
| attorno | รอบ | rôrp |

| da dentro | จากข้างใน | jàak khâang nai |
| da qualche parte (andare ~) | ที่ไหน | thêe nǎi |

| | | |
|---|---|---|
| dritto (direttamente) | ตรงไป | dtrorng bpai |
| indietro | กลับ | glàp |

| | | |
|---|---|---|
| da qualsiasi parte | จากที่ใด | jàak thêe dai |
| da qualche posto | จากที่ใด | jàak thêe dai |
| (veniamo ~) | | |

| | | |
|---|---|---|
| in primo luogo | ข้อที่หนึ่ง | khôr thêe nèung |
| in secondo luogo | ข้อที่สอง | khôr thêe sǒrng |
| in terzo luogo | ข้อที่สาม | khôr thêe sǎam |

| | | |
|---|---|---|
| all'improvviso | ในทันที | nai than thee |
| all'inizio | ตอนแรก | dtorn-râek |
| per la prima volta | เป็นครั้งแรก | bpen khráng râek |
| molto tempo prima di... | นานกอน | naan gòrn |
| di nuovo | ใหม | mài |
| per sempre | ใหจบสิ้น | hâi jòp sîn |

| | | |
|---|---|---|
| mai | ไม่เคย | mâi khoie |
| ancora | อีกครั้งหนึ่ง | èek khráng nèung |
| adesso | ตอนนี้ | dtorn-née |
| spesso (avv) | บอย | bòi |
| allora | เวลานั้น | way-laa nán |
| urgentemente | อยางเรงดวน | yàang râyng dùan |
| di solito | มักจะ | mák jà |

| | | |
|---|---|---|
| a proposito, ... | อนึ่ง | à-nèung |
| è possibile | เป็นไปได้ | bpen bpai dâai |
| probabilmente | อาจจะ | àat jà |
| forse | อาจจะ | àat jà |
| inoltre ... | นอกจากนั้น... | nôrk jàak nán... |
| ecco perché ... | นั้นเป็นเหตุผลที่... | nân bpen hàyt phǒn thêe... |
| nonostante (~ tutto) | แมวา... | máe wâa... |
| grazie a ... | เนื่องจาก... | nêuang jàak... |

| | | |
|---|---|---|
| che cosa (pron) | อะไร | a-rai |
| che (cong) | ที่ | thêe |
| qualcosa (qualsiasi cosa) | อะไร | a-rai |

| | | |
|---|---|---|
| qualcosa (le serve ~?) | อะไรก็ตาม | a-rai gôr dtaam |
| niente | ไม่มีอะไร | mâi mee a-rai |

| | | |
|---|---|---|
| chi (pron) | ใคร | khrai |
| qualcuno (annuire a ~) | บางคน | baang khon |
| qualcuno (dipendere da ~) | บางคน | baang khon |

| | | |
|---|---|---|
| nessuno | ไม่มีใคร | mâi mee khrai |
| da nessuna parte | ไม่ไปไหน | mâi bpai nǎi |

| | | |
|---|---|---|
| di nessuno | ไม่เป็นของ ของใคร | mâi bpen khǒrng khǒrng khrai |
| di qualcuno | ของคนหนึ่ง | khǒrng khon nèung |

| | | |
|---|---|---|
| così (era ~ arrabbiato) | มาก | mâak |
| anche (penso ~ a ...) | ดวย | dûay |
| anche, pure | ดวย | dûay |

## 6. Parole grammaticali. Avverbi. Parte 2

|  |  |  |
|---|---|---|
| Perché? | ทำไม? | tham-mai |
| per qualche ragione | เพราะเหตุผลอะไร | phrór hàyt phŏn à-rai |
| perché … | เพราะว่า | phrór wâa |
| per qualche motivo | ด้วยจุดประสงค์อะไร | dûay jùt bprà-sŏng a-rai |
| | | |
| e (cong) | และ | láe |
| o (sì ~ no?) | หรือ | rĕu |
| ma (però) | แต่ | dtàe |
| per (~ me) | สำหรับ | sǎm-ràp |
| | | |
| troppo | เกินไป | gern bpai |
| solo (avv) | เท่านั้น | thâo nán |
| esattamente | ตรง | dtrorng |
| circa (~ 10 dollari) | ประมาณ | bprà-maan |
| | | |
| approssimativamente | ประมาณ | bprà-maan |
| approssimativo (agg) | ประมาณ | bprà-maan |
| quasi | เกือบ | gèuap |
| resto | ที่เหลือ | thêe lĕua |
| | | |
| l'altro (~ libro) | อีก | èek |
| altro (differente) | อื่น | èun |
| ogni (agg) | ทุก | thúk |
| qualsiasi (agg) | ใดๆ | dai dai |
| molti | หลาย | lǎai |
| molto (avv) | มาก | mâak |
| molta gente | หลายคน | lǎai khon |
| tutto, tutti | ทุกๆ | thúk thúk |
| | | |
| in cambio di … | ที่จะเปลี่ยนเป็น | thêe jà bplìan bpen |
| in cambio | แทน | thaen |
| a mano (fatto ~) | ใช้มือ | chái meu |
| poco probabile | แทบจะไม่ | thâep jà mâi |
| | | |
| probabilmente | อาจจะ | àat jà |
| apposta | โดยเจตนา | doi jàyt-dtà-naa |
| per caso | บังเอิญ | bang-ern |
| | | |
| molto (avv) | มาก | mâak |
| per esempio | ยกตัวอย่าง | yók dtua yàang |
| fra (~ due) | ระหว่าง | rá-wàang |
| fra (~ più di due) | ทามกลาง | tâam-glaang |
| tanto (quantità) | มากมาย | mâak maai |
| soprattutto | โดยเฉพาะ | doi chà-phór |

# NUMERI. VARIE

## 7. Numeri cardinali. Parte 1

| zero (m) | ศูนย์ | sŏon |
|---|---|---|
| uno | หนึ่ง | nèung |
| due | สอง | sŏrng |
| tre | สาม | săam |
| quattro | สี่ | sèe |

| cinque | ห้า | hâa |
|---|---|---|
| sei | หก | hòk |
| sette | เจ็ด | jèt |
| otto | แปด | bpàet |
| nove | เกา | gâo |

| dieci | สิบ | sìp |
|---|---|---|
| undici | สิบเอ็ด | sìp èt |
| dodici | สิบสอง | sìp sŏrng |
| tredici | สิบสาม | sìp săam |
| quattordici | สิบสี่ | sìp sèe |

| quindici | สิบห้า | sìp hâa |
|---|---|---|
| sedici | สิบหก | sìp hòk |
| diciassette | สิบเจ็ด | sìp jèt |
| diciotto | สิบแปด | sìp bpàet |
| diciannove | สิบเกา | sìp gâo |

| venti | ยี่สิบ | yêe sìp |
|---|---|---|
| ventuno | ยี่สิบเอ็ด | yêe sìp èt |
| ventidue | ยี่สิบสอง | yêe sìp sŏrng |
| ventitre | ยี่สิบสาม | yêe sìp săam |

| trenta | สามสิบ | săam sìp |
|---|---|---|
| trentuno | สามสิบเอ็ด | săam-sìp-èt |
| trentadue | สามสิบสอง | săam-sìp-sŏrng |
| trentatre | สามสิบสาม | săam-sìp-săam |

| quaranta | สี่สิบ | sèe sìp |
|---|---|---|
| quarantuno | สี่สิบเอ็ด | sèe-sìp-èt |
| quarantadue | สี่สิบสอง | sèe-sìp-sŏrng |
| quarantatre | สี่สิบสาม | sèe-sìp-săam |

| cinquanta | ห้าสิบ | hâa sìp |
|---|---|---|
| cinquantuno | ห้าสิบเอ็ด | hâa-sìp-èt |
| cinquantadue | ห้าสิบสอง | hâa-sìp-sŏrng |
| cinquantatre | หาสิบสาม | hâa-sìp-săam |

| sessanta | หกสิบ | hòk sìp |
|---|---|---|
| sessantuno | หกสิบเอ็ด | hòk-sìp-èt |

| | | |
|---|---|---|
| sessantadue | หกสิบสอง | hòk-sìp-sǒrng |
| sessantatre | หกสิบสาม | hòk-sìp-sǎam |
| | | |
| settanta | เจ็ดสิบ | jèt sìp |
| settantuno | เจ็ดสิบเอ็ด | jèt-sìp-èt |
| settantadue | เจ็ดสิบสอง | jèt-sìp-sǒrng |
| settantatre | เจ็ดสิบสาม | jèt-sìp-sǎam |
| | | |
| ottanta | แปดสิบ | bpàet sìp |
| ottantuno | แปดสิบเอ็ด | bpàet-sìp-èt |
| ottantadue | แปดสิบสอง | bpàet-sìp-sǒrng |
| ottantatre | แปดสิบสาม | bpàet-sìp-sǎam |
| | | |
| novanta | เก้าสิบ | gâo sìp |
| novantuno | เก้าสิบเอ็ด | gâo-sìp-èt |
| novantadue | เก้าสิบสอง | gâo-sìp-sǒrng |
| novantatre | เกาสิบสาม | gâo-sìp-sǎam |

## 8. Numeri cardinali. Parte 2

| | | |
|---|---|---|
| cento | หนึ่งร้อย | nèung rói |
| duecento | สองร้อย | sǒrng rói |
| trecento | สามร้อย | sǎam rói |
| quattrocento | สี่ร้อย | sèe rói |
| cinquecento | หาร้อย | hâa rói |
| | | |
| seicento | หกร้อย | hòk rói |
| settecento | เจ็ดร้อย | jèt rói |
| ottocento | แปดร้อย | bpàet rói |
| novecento | เการ้อย | gâo rói |
| | | |
| mille | หนึ่งพัน | nèung phan |
| duemila | สองพัน | sǒrng phan |
| tremila | สามพัน | sǎam phan |
| diecimila | หนึ่งหมื่น | nèung mèun |
| centomila | หนึ่งแสน | nèung sǎen |
| milione (m) | ล้าน | láan |
| miliardo (m) | พันล้าน | phan láan |

## 9. Numeri ordinali

| | | |
|---|---|---|
| primo | แรก | râek |
| secondo | ที่สอง | thêe sǒrng |
| terzo | ที่สาม | thêe sǎam |
| quarto | ที่สี่ | thêe sèe |
| quinto | ที่หา | thêe hâa |
| | | |
| sesto | ที่หก | thêe hòk |
| settimo | ที่เจ็ด | thêe jèt |
| ottavo | ที่แปด | thêe bpàet |
| nono | ที่เก้า | thêe gâo |
| decimo | ที่สิบ | thêe sìp |

# COLORI. UNITÀ DI MISURA

## 10. Colori

| colore (m) | สี | sĕe |
| sfumatura (f) | สีอ่อน | sĕe òrn |
| tono (m) | สีสัน | sĕe săn |
| arcobaleno (m) | สายรุ้ง | săai rúng |

| bianco (agg) | สีขาว | sĕe khăao |
| nero (agg) | สีดำ | sĕe dam |
| grigio (agg) | สีเทา | sĕe thao |

| verde (agg) | สีเขียว | sĕe khĭeow |
| giallo (agg) | สีเหลือง | sĕe lĕuang |
| rosso (agg) | สีแดง | sĕe daeng |

| blu (agg) | สีน้ำเงิน | sĕe nám ngern |
| azzurro (agg) | สีฟ้า | sĕe fáa |
| rosa (agg) | สีชมพู | sĕe chom-poo |
| arancione (agg) | สีส้ม | sĕe sôm |
| violetto (agg) | สีม่วง | sĕe mûang |
| marrone (agg) | สีน้ำตาล | sĕe nám dtaan |
| d'oro (agg) | สีทอง | sĕe thorng |
| argenteo (agg) | สีเงิน | sĕe ngern |

| beige (agg) | สีน้ำตาลอ่อน | sĕe nám dtaan òrn |
| color crema (agg) | สีครีม | sĕe khreem |
| turchese (agg) | สีเขียวแกม | sĕe khĭeow gaem |
| | น้ำเงิน | náam ngern |
| rosso ciliegia (agg) | สีแดงเชอร์รี่ | sĕe daeng cher-rêe |
| lilla (agg) | สีม่วงอ่อน | sĕe mûang-òrn |
| rosso lampone (agg) | สีแดงเข้ม | sĕe daeng khâym |

| chiaro (agg) | อ่อน | òrn |
| scuro (agg) | แก่ | gàe |
| vivo, vivido (agg) | สด | sòt |

| colorato (agg) | สี | sĕe |
| a colori | สี | sĕe |
| bianco e nero (agg) | ขาวดำ | khăao-dam |
| in tinta unita | สีเดียว | sĕe dieow |
| multicolore (agg) | หลากสี | làak sĕe |

## 11. Unità di misura

| peso (m) | น้ำหนัก | nám nàk |
| lunghezza (f) | ความยาว | khwaam yaao |

| | | |
|---|---|---|
| larghezza (f) | ความกว้าง | khwaam gwâang |
| altezza (f) | ความสูง | khwaam sŏong |
| profondità (f) | ความลึก | khwaam léuk |
| volume (m) | ปริมาณ | bpà-rí-maan |
| area (f) | บริเวณ | bor-rí-wayn |
| | | |
| grammo (m) | กรัม | gram |
| milligrammo (m) | มิลลิกรัม | min-lí gram |
| chilogrammo (m) | กิโลกรัม | gì-loh gram |
| tonnellata (f) | ตัน | dtan |
| libbra (f) | ปอนด์ | bporn |
| oncia (f) | ออนซ์ | orn |
| | | |
| metro (m) | เมตร | máyt |
| millimetro (m) | มิลลิเมตร | min-lí mâyt |
| centimetro (m) | เซ็นติเมตร | sen dtì mâyt |
| chilometro (m) | กิโลเมตร | gì-loh máyt |
| miglio (m) | ไมล์ | mai |
| | | |
| pollice (m) | นิ้ว | níw |
| piede (f) | ฟุต | fút |
| iarda (f) | หลา | lăa |
| | | |
| metro (m) quadro | ตารางเมตร | dtaa-raang máyt |
| ettaro (m) | เฮกตาร์ | hêek dtaa |
| | | |
| litro (m) | ลิตร | lít |
| grado (m) | องศา | ong-sǎa |
| volt (m) | โวลต์ | wohn |
| ampere (m) | แอมแปร์ | aem-bpae |
| cavallo vapore (m) | แรงม้า | raeng máa |
| | | |
| quantità (f) | จำนวน | jam-nuan |
| un po' di ... | นิดหน่อย | nít nói |
| metà (f) | ครึ่ง | khrêung |
| dozzina (f) | โหล | lŏh |
| pezzo (m) | ส่วน | sùan |
| | | |
| dimensione (f) | ขนาด | khà-nàat |
| scala (f) (modello in ~) | มาตราส่วน | mâat-dtraa sùan |
| | | |
| minimo (agg) | น้อยที่สุด | nói thêe sùt |
| minore (agg) | เล็กที่สุด | lék thêe sùt |
| medio (agg) | กลาง | glaang |
| massimo (agg) | สูงสุด | sŏong sùt |
| maggiore (agg) | ใหญ่ที่สุด | yài têe sùt |

## 12. Contenitori

| | | |
|---|---|---|
| barattolo (m) di vetro | ขวดโหล | khùat lŏh |
| latta, lattina (f) | กระป๋อง | grà-bpŏrng |
| secchio (m) | ถัง | thăng |
| barile (m), botte (f) | ถัง | thăng |
| catino (m) | กะทะ | gà-thá |

| | | |
|---|---|---|
| serbatoio (m) (per liquidi) | ถังเก็บน้ำ | thăng gèp nám |
| fiaschetta (f) | กระติกน้ำ | grà-dtìk nám |
| tanica (f) | ภาชนะ | phaa-chá-ná |
| cisterna (f) | ถังบรรจุ | thăng ban-jù |
| | | |
| tazza (f) | แก้ว | gâew |
| tazzina (f) (~ di caffé) | ถ้วย | thûay |
| piattino (m) | จานรอง | jaan rorng |
| bicchiere (m) (senza stelo) | แก้ว | gâew |
| calice (m) | แก้วไวน์ | gâew wai |
| casseruola (f) | หม้อ | môr |
| | | |
| bottiglia (f) | ขวด | khùat |
| collo (m) (~ della bottiglia) | ปาก | bpàak |
| | | |
| caraffa (f) | คนโท | khon-thoh |
| brocca (f) | เหยือก | yèuak |
| recipiente (m) | ภาชนะ | phaa-chá-ná |
| vaso (m) di coccio | หม้อ | môr |
| vaso (m) di fiori | แจกัน | jae-gan |
| | | |
| boccetta (f) (~ di profumo) | กระติก | grà-dtìk |
| fiala (f) | ขวดเล็ก | khùat lék |
| tubetto (m) | หลอด | lòrt |
| | | |
| sacco (m) (~ di patate) | ถุง | thŭng |
| sacchetto (m) (~ di plastica) | ถุง | thŭng |
| pacchetto (m)<br>(~ di sigarette, ecc.) | ซอง | sorng |
| | | |
| scatola (f) (~ per scarpe) | กล่อง | glòrng |
| cassa (f) (~ di vino, ecc.) | ลัง | lang |
| cesta (f) | ตะกร้า | dtà-grâa |

# I VERBI PIÙ IMPORTANTI

## 13. I verbi più importanti. Parte 1

| | | |
|---|---|---|
| accorgersi (vr) | สังเกต | săng-gàyt |
| afferrare (vt) | จับ | jàp |
| affittare (dare in affitto) | เช่า | châo |
| aiutare (vt) | ช่วย | chûay |
| amare (qn) | รัก | rák |
| | | |
| andare (camminare) | ไป | bpai |
| annotare (vt) | จด | jòt |
| appartenere (vi) | เป็นของของ... | bpen khŏrng khŏrng... |
| aprire (vt) | เปิด | bpèrt |
| arrivare (vi) | มา | maa |
| aspettare (vt) | รอ | ror |
| | | |
| avere (vt) | มี | mee |
| avere fame | หิว | hĭw |
| avere fretta | รีบ | rêep |
| | | |
| avere paura | กลัว | glua |
| avere sete | กระหายน้ำ | grà-hăai náam |
| avvertire (vt) | เตือน | dteuan |
| cacciare (vt) | ลา | lâa |
| cadere (vi) | ตก | dtòk |
| cambiare (vt) | เปลี่ยน | bplìan |
| capire (vt) | เข้าใจ | khâo jai |
| cenare (vi) | ทานอาหารเย็น | thaan aa-hăan yen |
| cercare (vt) | หา | hăa |
| cessare (vt) | หยุด | yùt |
| chiedere (~ aiuto) | เรียก | rîak |
| | | |
| chiedere (domandare) | ถาม | thăam |
| cominciare (vt) | เริ่ม | rêrm |
| comparare (vt) | เปรียบเทียบ | bprìap thîap |
| confondere (vt) | สับสน | sàp sŏn |
| conoscere (qn) | รู้จัก | róo jàk |
| | | |
| conservare (vt) | รักษา | rák-săa |
| consigliare (vt) | แนะนำ | náe nam |
| contare (calcolare) | นับ | náp |
| contare su ... | พึ่งพา | phêung phaa |
| continuare (vt) | ทำต่อไป | tham dtòr bpai |
| | | |
| controllare (vt) | ควบคุม | khûap khum |
| correre (vi) | วิ่ง | wîng |
| costare (vt) | ราคา | raa-khaa |
| creare (vt) | สร้าง | sâang |
| cucinare (vi) | ทำอาหาร | tham aa-hăan |

## 14. I verbi più importanti. Parte 2

| | | |
|---|---|---|
| dare (vt) | ให้ | hâi |
| dare un suggerimento | บอกใบ้ | bòrk bâi |
| decorare (adornare) | ประดับ | bprà-dàp |
| difendere (~ un paese) | ปกป้อง | bpòk bpôrng |
| dimenticare (vt) | ลืม | leum |
| | | |
| dire (~ la verità) | บอก | bòrk |
| dirigere (compagnia, ecc.) | บริหาร | bor-rí-hǎan |
| discutere (vt) | หารือ | hǎa-reu |
| domandare (vt) | ขอ | khǒr |
| dubitare (vi) | สงสัย | sǒng-sǎi |
| | | |
| entrare (vi) | เข้า | khâo |
| esigere (vt) | เรียกร้อง | rîak rórng |
| esistere (vi) | มีอยู่ | mee yòo |
| | | |
| essere (vi) | เป็น | bpen |
| essere d'accordo | เห็นด้วย | hěn dûay |
| fare (vt) | ทำ | tham |
| fare colazione | ทานอาหารเช้า | thaan aa-hǎan cháo |
| | | |
| fare il bagno | ไปว่ายน้ำ | bpai wâai náam |
| fermarsi (vr) | หยุด | yùt |
| fidarsi (vr) | เชื่อ | chêua |
| finire (vt) | จบ | jòp |
| firmare (~ un documento) | ลงนาม | long naam |
| | | |
| giocare (vi) | เล่น | lên |
| girare (~ a destra) | เลี้ยว | líeow |
| gridare (vi) | ตะโกน | dtà-gohn |
| indovinare (vt) | คาดเดา | khâat dao |
| informare (vt) | แจง | jâeng |
| | | |
| ingannare (vt) | หลอก | lòrk |
| insistere (vi) | ยืนยัน | yeun yan |
| insultare (vt) | ดูถูก | doo thòok |
| interessarsi di ... | สนใจใน | sǒn jai nai |
| invitare (vt) | เชิญ | chern |
| | | |
| lamentarsi (vr) | บ่น | bòn |
| lasciar cadere | ทิ้งให้ตก | thíng hâi dtòk |
| lavorare (vi) | ทำงาน | tham ngaan |
| leggere (vi, vt) | อ่าน | àan |
| liberare (vt) | ปลดปล่อย | bplòt bplòi |

## 15. I verbi più importanti. Parte 3

| | | |
|---|---|---|
| mancare le lezioni | พลาด | phlâat |
| mandare (vt) | ส่ง | sòng |
| menzionare (vt) | กล่าวถึง | glàao thěung |
| minacciare (vt) | ขู่ | khòo |

| | | |
|---|---|---|
| mostrare (vt) | นุสดง | sà-daeng |
| nascondere (vt) | ซ่อน | sôrn |
| nuotare (vi) | วายน้ำ | wâai náam |
| obiettare (vt) | ค้าน | kháan |
| occorrere (vimp) | ต้องการ | dtôrng gaan |
| ordinare (~ il pranzo) | สั่ง | sàng |

| | | |
|---|---|---|
| ordinare (mil.) | สั่งการ | sàng gaan |
| osservare (vt) | สังเกตการณ์ | săng-gàyt gaan |
| pagare (vi, vt) | จ่าย | jàai |
| parlare (vi, vt) | พูด | phôot |
| partecipare (vi) | มีส่วนร่วม | mee sùan rûam |

| | | |
|---|---|---|
| pensare (vi, vt) | คิด | khít |
| perdonare (vt) | ให้อภัย | hâi a-phai |
| permettere (vt) | อนุญาต | a-nú-yâat |
| piacere (vi) | ชอบ | chôrp |
| piangere (vi) | ร้องไห้ | rórng hâi |

| | | |
|---|---|---|
| pianificare (vt) | วางแผน | waang phăen |
| possedere (vt) | เป็นเจ้าของ | bpen jâo khŏrng |
| potere (v aus) | สามารถ | săa-mâat |
| pranzare (vi) | ทานอาหารเที่ยง | thaan aa-hăan thîang |
| preferire (vt) | ชอบ | chôrp |

| | | |
|---|---|---|
| pregare (vi, vt) | ภาวนา | phaa-wá-naa |
| prendere (vt) | เอา | ao |
| prevedere (vt) | คาดหวัง | khâat wăng |
| promettere (vt) | สัญญา | săn-yaa |
| pronunciare (vt) | ออกเสียง | òrk sĭang |

| | | |
|---|---|---|
| proporre (vt) | เสนอ | sà-nĕr |
| punire (vt) | ลงโทษ | long thôht |
| raccomandare (vt) | แนะนำ | náe nam |
| ridere (vi) | หัวเราะ | hŭa rór |
| rifiutarsi (vr) | ปฏิเสธ | bpà-dtì-sàyt |

| | | |
|---|---|---|
| rincrescere (vi) | เสียใจ | sĭa jai |
| ripetere (ridire) | ซ้ำ | sám |
| riservare (vt) | จอง | jorng |
| rispondere (vi, vt) | ตอบ | dtòrp |
| rompere (spaccare) | แตก | dtàek |
| rubare (~ i soldi) | ขโมย | khà-moi |

## 16. I verbi più importanti. Parte 4

| | | |
|---|---|---|
| salvare (~ la vita a qn) | กู้ | gôo |
| sapere (vt) | รู้ | róo |
| sbagliare (vi) | ทำผิด | tham phìt |
| scavare (vt) | ขุด | khùt |
| scegliere (vt) | เลือก | lêuak |

| | | |
|---|---|---|
| scendere (vi) | ลง | long |
| scherzare (vi) | ล้อเล่น | lór lên |

23

| scrivere (vt) | เขียน | khĭan |
| scusare (vt) | ให้อภัย | hâi a-phai |
| scusarsi (vr) | ขอโทษ | khŏr thôht |

| sedersi (vr) | นั่ง | nâng |
| seguire (vt) | ไปตาม... | bpai dtaam... |
| sgridare (vt) | ดุด่า | dù dàa |
| significare (vt) | หมาย | măai |
| sorridere (vi) | ยิ้ม | yím |

| sottovalutare (vt) | ดูถูก | doo thòok |
| sparare (vi) | ยิง | ying |
| sperare (vi, vt) | หวัง | wăng |
| spiegare (vt) | อธิบาย | à-thí-baai |
| studiare (vt) | เรียน | rian |

| stupirsi (vr) | ประหลาดใจ | bprà-làat jai |
| tacere (vi) | นิ่งเงียบ | nîng ngîap |
| tentare (vt) | พยายาม | phá-yaa-yaam |
| toccare (~ con le mani) | แตะต้อง | dtàe dtôrng |
| tradurre (vt) | แปล | bplae |

| trovare (vt) | พบ | phóp |
| uccidere (vt) | ฆ่า | khâa |
| udire (percepire suoni) | ได้ยิน | dâai yin |
| unire (vt) | สมาน | sà-măan |
| uscire (vi) | ออกไป | òrk bpai |

| vantarsi (vr) | โอ้อวด | ôh ùat |
| vedere (vt) | เห็น | hĕn |
| vendere (vt) | ขาย | khăai |
| volare (vi) | บิน | bin |
| volere (desiderare) | ต้องการ | dtôrng gaan |

# ORARIO. CALENDARIO

## 17. Giorni della settimana

| | | |
|---|---|---|
| lunedì (m) | วันจันทร์ | wan jan |
| martedì (m) | วันอังคาร | wan ang-khaan |
| mercoledì (m) | วันพุธ | wan phút |
| giovedì (m) | วันพฤหัสบดี | wan phá-réu-hàt-sà-bor-dee |
| venerdì (m) | วันศุกร์ | wan sùk |
| sabato (m) | วันเสาร์ | wan săo |
| domenica (f) | วันอาทิตย์ | wan aa-thít |
| | | |
| oggi (avv) | วันนี้ | wan née |
| domani | พรุ่งนี้ | phrûng-née |
| dopodomani | วันมะรืนนี้ | wan má-reun née |
| ieri (avv) | เมื่อวานนี้ | mêua waan née |
| l'altro ieri | เมื่อวานซืนนี้ | mêua waan-seun née |
| | | |
| giorno (m) | วัน | wan |
| giorno (m) lavorativo | วันทำงาน | wan tham ngaan |
| giorno (m) festivo | วันนักขัตฤกษ์ | wan nák-khàt-rêrk |
| giorno (m) di riposo | วันหยุด | wan yùt |
| fine (m) settimana | วันสุดสัปดาห์ | wan sùt sàp-daa |
| | | |
| tutto il giorno | ทั้งวัน | tháng wan |
| l'indomani | วันรุ่งขึ้น | wan rûng khêun |
| due giorni fa | สองวันก่อน | sŏrng wan gòrn |
| il giorno prima | วันก่อนหน้านี้ | wan gòrn nâa née |
| quotidiano (agg) | รายวัน | raai wan |
| ogni giorno | ทุกวัน | thúk wan |
| | | |
| settimana (f) | สัปดาห์ | sàp-daa |
| la settimana scorsa | สัปดาห์ก่อน | sàp-daa gòrn |
| la settimana prossima | สัปดาห์หน้า | sàp-daa nâa |
| settimanale (agg) | รายสัปดาห์ | raai sàp-daa |
| ogni settimana | ทุกสัปดาห์ | thúk sàp-daa |
| due volte alla settimana | สัปดาห์ละสองครั้ง | sàp-daa lá sŏrng khráng |
| ogni martedì | ทุกวันอังคาร | túk wan ang-khaan |

## 18. Ore. Giorno e notte

| | | |
|---|---|---|
| mattina (f) | เช้า | cháo |
| di mattina | ตอนเช้า | dtorn cháo |
| mezzogiorno (m) | เที่ยงวัน | thîang wan |
| nel pomeriggio | ตอนบ่าย | dtorn bàai |
| | | |
| sera (f) | เย็น | yen |
| di sera | ตอนเย็น | dtorn yen |

| notte (f) | คืน | kheun |
| di notte | กลางคืน | glaang kheun |
| mezzanotte (f) | เที่ยงคืน | thîang kheun |

| secondo (m) | วินาที | wí-naa-thee |
| minuto (m) | นาที | naa-thee |
| ora (f) | ชั่วโมง | chûa mohng |
| mezzora (f) | ครึ่งชั่วโมง | khrêung chûa mohng |
| un quarto d'ora | สิบห้านาที | sìp hâa naa-thee |
| quindici minuti | สิบห้านาที | sìp hâa naa-thee |
| ventiquattro ore | 24 ชั่วโมง | yêe sìp sèe · chûa mohng |

| levata (f) del sole | พระอาทิตย์ขึ้น | phrá aa-thít khêun |
| alba (f) | ใกล้รุ่ง | glâi rûng |
| mattutino (m) | เช้า | cháo |
| tramonto (m) | พระอาทิตย์ตก | phrá aa-thít dtòk |

| di buon mattino | ตอนเช้า | dtorn cháo |
| stamattina | เช้านี้ | cháo née |
| domattina | พรุ่งนี้เช้า | phrûng-née cháo |

| oggi pomeriggio | บ่ายนี้ | bàai née |
| nel pomeriggio | ตอนบ่าย | dtorn bàai |
| domani pomeriggio | พรุ่งนี้บ่าย | phrûng-née bàai |

| stasera | คืนนี้ | kheun née |
| domani sera | คืนพรุ่งนี้ | kheun phrûng-née |

| alle tre precise | 3 โมงตรง | săam mohng dtrorng |
| verso le quattro | ประมาณ 4 โมง | bprà-maan sèe mohng |
| per le dodici | ภายใน 12 โมง | phaai nai sìp sŏng mohng |

| fra venti minuti | อีก 20 นาที | èek yêe sìp naa-thee |
| fra un'ora | อีกหนึ่งชั่วโมง | èek nèung chûa mohng |
| puntualmente | ทันเวลา | than way-laa |

| un quarto di ... | อีกสิบห้านาที | èek sìp hâa naa-thee |
| entro un'ora | ภายในหนึ่งชั่วโมง | phaai nai nèung chûa mohng |
| ogni quindici minuti | ทุก 15 นาที | thúk sìp hâa naa-thee |
| giorno e notte | ทั้งวัน | tháng wan |

## 19. Mesi. Stagioni

| gennaio (m) | มกราคม | mók-gà-raa khom |
| febbraio (m) | กุมภาพันธ์ | gum-phaa phan |
| marzo (m) | มีนาคม | mee-naa khom |
| aprile (m) | เมษายน | may-săa-yon |
| maggio (m) | พฤษภาคม | phréut-sà-phaa khom |
| giugno (m) | มิถุนายน | mí-thù-naa-yon |

| luglio (m) | กรกฎาคม | gà-rá-gà-daa-khom |
| agosto (m) | สิงหาคม | sĭng hăa khom |
| settembre (m) | กันยายน | gan-yaa-yon |
| ottobre (m) | ตุลาคม | dtù-laa khom |

| | | |
|---|---|---|
| novembre (m) | พฤศจิกายน | phréut-sà-jì-gaa-yon |
| dicembre (m) | ธันวาคม | than-waa khom |
| | | |
| primavera (f) | ฤดูใบไม้ผลิ | réu-doo bai máai phlì |
| in primavera | ฤดูใบไม้ผลิ | réu-doo bai máai phlì |
| primaverile (agg) | ฤดูใบไม้ผลิ | réu-doo bai máai phlì |
| | | |
| estate (f) | ฤดูร้อน | réu-doo rórn |
| in estate | ฤดูร้อน | réu-doo rórn |
| estivo (agg) | ฤดูร้อน | réu-doo rórn |
| | | |
| autunno (m) | ฤดูใบไม้ร่วง | réu-doo bai máai rûang |
| in autunno | ฤดูใบไม้ร่วง | réu-doo bai máai rûang |
| autunnale (agg) | ฤดูใบไม้ร่วง | réu-doo bai máai rûang |
| | | |
| inverno (m) | ฤดูหนาว | réu-doo năao |
| in inverno | ฤดูหนาว | réu-doo năao |
| invernale (agg) | ฤดูหนาว | réu-doo năao |
| | | |
| mese (m) | เดือน | deuan |
| questo mese | เดือนนี้ | deuan née |
| il mese prossimo | เดือนหน้า | deuan nâa |
| il mese scorso | เดือนที่แล้ว | deuan thêe láew |
| | | |
| un mese fa | หนึ่งเดือนก่อนหน้านี้ | nèung deuan gòrn nâa née |
| fra un mese | อีกหนึ่งเดือน | èek nèung deuan |
| fra due mesi | อีกสองเดือน | èek sŏrng deuan |
| un mese intero | ทั้งเดือน | tháng deuan |
| per tutto il mese | ตลอดทั้งเดือน | dtà-lòrt tháng deuan |
| | | |
| mensile (rivista ~) | รายเดือน | raai deuan |
| mensilmente | ทุกเดือน | thúk deuan |
| ogni mese | ทุกเดือน | thúk deuan |
| due volte al mese | เดือนละสองครั้ง | deuan lá sŏrng kráng |
| | | |
| anno (m) | ปี | bpee |
| quest'anno | ปีนี้ | bpee née |
| l'anno prossimo | ปีหน้า | bpee nâa |
| l'anno scorso | ปีที่แล้ว | bpee thêe láew |
| | | |
| un anno fa | หนึ่งปีก่อน | nèung bpee gòrn |
| fra un anno | อีกหนึ่งปี | èek nèung bpee |
| fra due anni | อีกสองปี | èek sŏng bpee |
| un anno intero | ทั้งปี | tháng bpee |
| per tutto l'anno | ตลอดทั้งปี | dtà-lòrt tháng bpee |
| | | |
| ogni anno | ทุกปี | thúk bpee |
| annuale (agg) | รายปี | raai bpee |
| annualmente | ทุกปี | thúk bpee |
| quattro volte all'anno | ปีละสี่ครั้ง | bpee lá sèe khráng |
| | | |
| data (f) (~ di oggi) | วันที่ | wan thêe |
| data (f) (~ di nascita) | วันเดือนปี | wan deuan bpee |
| calendario (m) | ปฏิทิน | bpà-dtì-thin |
| mezz'anno (m) | ครึ่งปี | khrêung bpee |
| semestre (m) | หกเดือน | hòk deuan |

| | | |
|---|---|---|
| stagione (f) (estate, ecc.) | ฤดูกาล | réu-doo gaan |
| secolo (m) | ศตวรรษ | sà-dtà-wát |

# VIAGGIO. HOTEL

## 20. Escursione. Viaggio

| | | |
|---|---|---|
| turismo (m) | การท่องเที่ยว | gaan thôrng thîeow |
| turista (m) | นักท่องเที่ยว | nák thôrng thîeow |
| viaggio (m) (all'estero) | การเดินทาง | gaan dern thaang |
| avventura (f) | การผจญภัย | gaan phà-jon phai |
| viaggio (m) (corto) | การเดินทาง | gaan dern thaang |
| vacanza (f) | วันหยุดพักผ่อน | wan yùt phák phòrn |
| essere in vacanza | หยุดพักผอน | yùt phák phòrn |
| riposo (m) | การพัก | gaan phák |
| treno (m) | รถไฟ | rót fai |
| in treno | โดยรถไฟ | doi rót fai |
| aereo (m) | เครื่องบิน | khrêuang bin |
| in aereo | โดยเครื่องบิน | doi khrêuang bin |
| in macchina | โดยรถยนต์ | doi rót-yon |
| in nave | โดยเรือ | doi reua |
| bagaglio (m) | สัมภาระ | sǎm-phaa-rá |
| valigia (f) | กระเป๋าเดินทาง | grà-bpǎo dern-thaang |
| carrello (m) | รถขนสัมภาระ | rót khǒn sǎm-phaa-rá |
| passaporto (m) | หนังสือเดินทาง | nǎng-sěu dern-thaang |
| visto (m) | วีซา | wee-sâa |
| biglietto (m) | ตั๋ว | dtǔa |
| biglietto (m) aereo | ตั๋วเครื่องบิน | dtǔa khrêuang bin |
| guida (f) | หนังสือแนะนำ | nǎng-sěu náe nam |
| carta (f) geografica | แผนที่ | phǎen thêe |
| località (f) | เขต | khàyt |
| luogo (m) | สถานที่ | sà-thǎan thêe |
| ogetti (m pl) esotici | สิ่งแปลกใหม่ | sìng bplàek mài |
| esotico (agg) | ต่างแดน | dtàang daen |
| sorprendente (agg) | น่าประหลาดใจ | nâa bprà-làat jai |
| gruppo (m) | กลุ่ม | glùm |
| escursione (f) | การเดินทาง ท่องเที่ยว | gaan dern taang thôrng thîeow |
| guida (f) (cicerone) | มัคคุเทศก์ | mák-khú-thâyt |

## 21. Hotel

| | | |
|---|---|---|
| hotel (m) | โรงแรม | rohng raem |
| motel (m) | โรงแรม | rohng raem |

| | | |
|---|---|---|
| tre stelle | สามดาว | săam daao |
| cinque stelle | หาดาว | hâa daao |
| alloggiare (vi) | พัก | phák |
| | | |
| camera (f) | ห้อง | hôrng |
| camera (f) singola | ห้องเดี่ยว | hôrng dìeow |
| camera (f) doppia | หองคู | hôrng khôo |
| prenotare una camera | จองหอง | jorng hôrng |
| | | |
| mezza pensione (f) | พักครึ่งวัน | phák khrêung wan |
| pensione (f) completa | พักเต็มวัน | phák dtem wan |
| | | |
| con bagno | มีห้องอาบน้ำ | mee hôrng àap náam |
| con doccia | มีฝักบัว | mee fàk bua |
| televisione (f) satellitare | โทรทัศน์ดาวเทียม | thoh-rá-thát daao thiam |
| condizionatore (m) | เครื่องปรับอากาศ | khrêuang bpràp-aa-gàat |
| asciugamano (m) | ผาเช็ดตัว | phâa chét dtua |
| chiave (f) | กุญแจ | gun-jae |
| | | |
| amministratore (m) | นักบูริหาร | nák bor-rí-hăan |
| cameriera (f) | แมบาน | mâe bâan |
| portabagagli (m) | พนักงาน. ขนกระเป๋า | phá-nák ngaan khŏn grà-bpăo |
| portiere (m) | พนักงาน เปิดประตู | phá-nák ngaan bpèrt bprà-dtoo |
| | | |
| ristorante (m) | ร้านอาหาร | ráan aa-hăan |
| bar (m) | บาร | baa |
| colazione (f) | อาหารเช้า | aa-hăan cháo |
| cena (f) | อาหารเย็น | aa-hăan yen |
| buffet (m) | บุฟเฟต | bùf-fây |
| | | |
| hall (f) (atrio d'ingresso) | ล็อบบี้ | lórp-bêe |
| ascensore (m) | ลิฟต | líf |
| | | |
| NON DISTURBARE | ห้ามรบกวน | hâam róp guan |
| VIETATO FUMARE! | หามสูบบุหรี่ | hâam sòop bù rèe |

## 22. Visita turistica

| | | |
|---|---|---|
| monumento (m) | อนุสาวรีย์ | a-nú-săa-wá-ree |
| fortezza (f) | ป้อม | bpôrm |
| palazzo (m) | วัง | wang |
| castello (m) | ปราสาท | bpraa-sàat |
| torre (f) | หอ | hŏr |
| mausoleo (m) | สุสาน | sù-săan |
| | | |
| architettura (f) | สถาปัตยกรรม | sà-thăa-bpàt-dtà-yá-gam |
| medievale (agg) | ยุคกลาง | yúk glaang |
| antico (agg) | โบราณ | boh-raan |
| nazionale (agg) | แหงชาติ | hàeng châat |
| famoso (agg) | ที่มีชื่อเสียง | thêe mee chêu-sĭang |
| turista (m) | นักทองเที่ยว | nák thôrng thîeow |
| guida (f) | มัคคุเทศก | mák-khú-thâyt |

| escursione (f) | ทัศนศึกษา | thát-sà-ná-sèuk-sǎa |
| fare vedere | แสดง | sà-daeng |
| raccontare (vt) | เลา | lâo |

| trovare (vt) | หาพบ | hǎa phóp |
| perdersi (vr) | หลงทาง | lǒng thaang |
| mappa (f) | แผนที่ | phǎen thêe |
| (~ della metropolitana) | | |
| piantina (f) (~ della città) | แผนที่ | phǎen thêe |

| souvenir (m) | ของที่ระลึก | khǒrng thêe rá-léuk |
| negozio (m) di articoli | รานขาย | ráan khǎai |
| da regalo | ของที่ระลึก | khǒrng thêe rá-léuk |
| fare foto | ถ่ายภาพ | thàai phâap |
| fotografarsi | ได้รับการ ᵕ | dâai ráp gaan |
| | ถายภาพให | thàai phâap hâi |

# MEZZI DI TRASPORTO

## 23. Aeroporto

| | | |
|---|---|---|
| aeroporto (m) | สนามบิน | sà-năam bin |
| aereo (m) | เครื่องบิน | khrêuang bin |
| compagnia (f) aerea | สายการบิน | săai gaan bin |
| controllore (m) di volo | เจ้าหน้าที่ควบคุม จราจรทางอากาศ | jâo nâa-thêe khûap khum jà-raa-jon thaang aa-gàat |
| partenza (f) | การออกเดินทาง | gaan òrk dern thaang |
| arrivo (m) | การมาถึง | gaan maa thĕung |
| arrivare (vi) | มาถึง | maa thĕung |
| ora (f) di partenza | เวลาขาไป | way-laa khăa bpai |
| ora (f) di arrivo | เวลามาถึง | way-laa maa thĕung |
| essere ritardato | ถูกเลื่อน | thòok lêuan |
| volo (m) ritardato | เลื่อนเที่ยวบิน | lêuan thieow bin |
| tabellone (m) orari | ฉระดานแสดง ข้อมูล | grà daan sà-daeng khôr moon |
| informazione (f) | ข้อมูล | khôr moon |
| annunciare (vt) | ประกาศ | bprà-gàat |
| volo (m) | เที่ยวบิน | thîeow bin |
| dogana (f) | ศุลกากร | sŭn-lá-gaa-gon |
| doganiere (m) | เจ้าหน้าที่ศุลกากร | jâo nâa-thêe sŭn-lá-gaa-gon |
| dichiarazione (f) | แบบฟอร์มการเสีย ภาษีศุลกากร | bàep form gaan sĭa phaa-sĕe sŭn-lá-gaa-gon |
| riempire (~ una dichiarazione) | กรอก | gròrk |
| riempire una dichiarazione | กรอกแบบฟอร์ม การเสียภาษี | gròrk bàep form gaan sĭa paa-sĕe |
| controllo (m) passaporti | จุดตรวจหนังสือ เดินทาง | jùt dtrùat năng-sĕu dern-thaang |
| bagaglio (m) | สัมภาระ | săm-phaa-rá |
| bagaglio (m) a mano | กระเป๋าถือ | grà-bpăo thĕu |
| carrello (m) | รถขนสัมภาระ | rót khŏn săm-phaa-rá |
| atterraggio (m) | การลงจอด | gaan long jòrt |
| pista (f) di atterraggio | ลานบินลงจอด | laan bin long jòrt |
| atterrare (vi) | ลงจอด | long jòrt |
| scaletta (f) dell'aereo | ทางขึ้นลง เครื่องบิน | thaang khêun long khrêuang bin |
| check-in (m) | การเช็คอิน | gaan chék in |
| banco (m) del check-in | เคาน์เตอร์เช็คอิน | khao-dtêr chék in |

| fare il check-in | เช็คอิน | chék in |
| carta (f) d'imbarco | บัตรที่นั่ง | bàt thêe nâng |
| porta (f) d'imbarco | ซองเขา | chôrng khâo |

| transito (m) | การต่อเที่ยวบิน | gaan tòr thîeow bin |
| aspettare (vt) | รอ | ror |
| sala (f) d'attesa | หองผู้โดยสารขาออก | hôrng phôo doi sǎan khǎa òk |
| accompagnare (vt) | ไปสง | bpai sòng |
| congedarsi (vr) | บอกลา | bòrk laa |

## 24. Aeroplano

| aereo (m) | เครื่องบิน | khrêuang bin |
| biglietto (m) aereo | ตั๋วเครื่องบิน | dtǔa khrêuang bin |
| compagnia (f) aerea | สายการบิน | sǎai gaan bin |
| aeroporto (m) | สนามบิน | sà-nǎam bin |
| supersonico (agg) | ความเร็วเหนือเสียง | khwaam reo nĕua-sĭang |

| comandante (m) | กัปตัน | gàp dtan |
| equipaggio (m) | ลูกเรือ | lôok reua |
| pilota (m) | นักบิน | nák bin |
| hostess (f) | พนักงนต้อนรับ บนเครื่องบิน | phá-nák ngaan dtôrn ráp bon khrêuang bin |
| navigatore (m) | ต้นหน | dtôn hŏn |

| ali (f pl) | ปีก | bpèek |
| coda (f) | หาง | hǎang |
| cabina (f) | หองนักบิน | hôrng nák bin |
| motore (m) | เครื่องยนต์ | khrêuang yon |
| carrello (m) d'atterraggio | โครงสวนลาง ของเครื่องบิน | khrorng sùan lâang khŏrng khrêuang bin |
| turbina (f) | กังหัน | gang-hǎn |

| elica (f) | ใบพัด | bai phát |
| scatola (f) nera | กลองดำ | glòrng dam |
| barra (f) di comando | คันบังคับ | khan bang-kháp |
| combustibile (m) | เชื้อเพลิง | chéua phlerng |

| safety card (f) | คู่มือความปลอดภัย | khôo meu khwaam bplòt phai |
| maschera (f) ad ossigeno | หนากากอ็อกซิเจน | nâa gàak ók sí jayn |
| uniforme (f) | เครื่องแบบ | khrêuang bàep |
| giubbotto (m) di salvataggio | เสื้อชูชีพ | sêua choo chêep |
| paracadute (m) | รมชูชีพ | rôm choo chêep |

| decollo (m) | การบินขึ้น | gaan bin khêun |
| decollare (vi) | บินขึ้น | bin khêun |
| pista (f) di decollo | ทางวิ่งเครื่องบิน | thaang wîng khrêuang bin |

| visibilità (f) | ทัศนวิสัย | thát sá ná wí-sǎi |
| volo (m) | การบิน | gaan bin |
| altitudine (f) | ความสูง | khwaam sǒong |
| vuoto (m) d'aria | หลุมอากาศ | lǔm aa-gàat |
| posto (m) | ที่นั่ง | thêe nâng |
| cuffia (f) | หูฟัง | hǒo fang |

| | | |
|---|---|---|
| tavolinetto (m) pieghevole | ถาดพับเก็บได้ | thàat pháp gèp dâai |
| oblò (m), finestrino (m) | หน้าต่างเครื่องบิน | nâa dtàang khrêuang bin |
| corridoio (m) | ทางเดิน | thaang dern |

## 25. Treno

| | | |
|---|---|---|
| treno (m) | รถไฟ | rót fai |
| elettrotreno (m) | รถไฟชานเมือง | rót fai chaan meuang |
| treno (m) rapido | รถไฟด่วน | rót fai dùan |
| locomotiva (f) diesel | รถจักรดีเซล | rót jàk dee-sayn |
| locomotiva (f) a vapore | รถจักรไอน้ำ | rót jàk ai náam |
| | | |
| carrozza (f) | ตู้โดยสาร | dtôo doi sǎan |
| vagone (m) ristorante | ตู้เสบียง | dtôo sà-biang |
| | | |
| rotaie (f pl) | รางรถไฟ | raang rót fai |
| ferrovia (f) | ทางรถไฟ | thaang rót fai |
| traversa (f) | หมอนรองราง | mǒrn rorng raang |
| | | |
| banchina (f) (~ ferroviaria) | ชานชลา | chaan-chá-laa |
| binario (m) (~ 1, 2) | ราง | raang |
| semaforo (m) | ไฟสัญญาณรถไฟ | fai sǎn-yaan rót fai |
| stazione (f) | สถานี | sà-thǎa-nee |
| | | |
| macchinista (m) | คนขับรถไฟ | khon khàp rót fai |
| portabagagli (m) | พนักงานยกกระเป๋า | phá-nák ngaan yók grà-bpǎo |
| cuccettista (m, f) | พนักงานรถไฟ | phá-nák ngaan rót fai |
| passeggero (m) | ผู้โดยสาร | phôo doi sǎan |
| controllore (m) | พนักงานตรวจตั๋ว | phá-nák ngaan dtrùat dtǔa |
| | | |
| corridoio (m) | ทางเดิน | thaang dern |
| freno (m) di emergenza | เบรคฉุกเฉิน | bràyk chùk-chěrn |
| | | |
| scompartimento (m) | ตู้นอน | dtôo norn |
| cuccetta (f) | เตียง | dtiang |
| cuccetta (f) superiore | เตียงบน | dtiang bon |
| cuccetta (f) inferiore | เตียงล่าง | dtiang lâang |
| biancheria (f) da letto | ชุดเครื่องนอน | chút khrêuang norn |
| | | |
| biglietto (m) | ตั๋ว | dtǔa |
| orario (m) | ตารางเวลา | dtaa-raang way-laa |
| tabellone (m) orari | ฉระดานแสดงข้อมูล | grà daan sà-daeng khôr moon |
| | | |
| partire (vi) | ออกเดินทาง | òrk dern thaang |
| partenza (f) | การออกเดินทาง | gaan òrk dern thaang |
| arrivare (di un treno) | มาถึง | maa thěung |
| arrivo (m) | การมาถึง | gaan maa thěung |
| | | |
| arrivare con il treno | มาถึงโดยรถไฟ | maa thěung doi rót fai |
| salire sul treno | ขึ้นรถไฟ | khêun rót fai |
| scendere dal treno | ลงจากรถไฟ | long jàak rót fai |
| deragliamento (m) | รถไฟตกราง | rót fai dtòk raang |
| deragliare (vi) | ตกราง | dtòk raang |

| locomotiva (f) a vapore | หัวรถจักรไอน้ำ | hŭa rót jàk ai náam |
| fuochista (m) | คนควบคุมเตาไฟ | khon khûap khum dtao fai |
| forno (m) | เตาไฟ | dtao fai |
| carbone (m) | ถ่านหิน | thàan hĭn |

## 26. Nave

| nave (f) | เรือ | reua |
| imbarcazione (f) | เรือ | reua |

| piroscafo (m) | เรือจักรไอน้ำ | reua jàk ai náam |
| barca (f) fluviale | เรือล่องแม่น้ำ | reua lôhng mâe náam |
| transatlantico (m) | เรือเดินสมุทร | reua dern sà-mùt |
| incrociatore (m) | เรือลาดตระเวน | reua lâat dtrà-wayn |

| yacht (m) | เรือยอชต์ | reua yôt |
| rimorchiatore (m) | เรือลากจูง | reua lâak joong |
| chiatta (f) | เรือบรรทุก | reua ban-thúk |
| traghetto (m) | เรือข้ามฟาก | reua khâam fâak |

| veliero (m) | เรือใบ | reua bai |
| brigantino (m) | เรือใบสองเสากระโดง | reua bai sŏrng săo grà-dohng |

| rompighiaccio (m) | เรือตัดน้ำแข็ง | reua dtàt náam khăeng |
| sottomarino (m) | เรือดำน้ำ | reua dam náam |

| barca (f) | เรือพาย | reua phaai |
| scialuppa (f) | เรือบดเล็ก | reua bòt lék |
| scialuppa (f) di salvataggio | เรือชูชีพ | reua choo chêep |
| motoscafo (m) | เรือยนต์ | reua yon |

| capitano (m) | กัปตัน | gàp dtan |
| marittimo (m) | นาวิน | naa-win |
| marinaio (m) | คนเรือ | khon reua |
| equipaggio (m) | กะลาสี | gà-laa-sĕe |

| nostromo (m) | สรั่ง | sà-ràng |
| mozzo (m) di nave | ดูแลช่วยงานในเรือ | khon chûay ngaan nai reua |
| cuoco (m) | กุ๊ก | gúk |
| medico (m) di bordo | แพทย์เรือ | phâet reua |

| ponte (m) | ดาดฟ้าเรือ | dàat-fáa reua |
| albero (m) | เสากระโดงเรือ | săo grà-dohng reua |
| vela (f) | ใบเรือ | bai reua |

| stiva (f) | ท้องเรือ | thórng-reua |
| prua (f) | หัวเรือ | hŭa-reua |
| poppa (f) | ท้ายเรือ | tháai reua |
| remo (m) | ไม้พาย | máai phaai |
| elica (f) | ใบจักร | bai jàk |

| cabina (f) | ห้องพัก | hôrng phák |
| quadrato (m) degli ufficiali | ห้องอาหาร | hôrng aa-hăan |
| sala (f) macchine | ห้องเครื่องยนต์ | hôrng khrêuang yon |

| | | |
|---|---|---|
| ponte (m) di comando | สะพานเดินเรือ | sà-phaan dern reua |
| cabina (f) radiotelegrafica | ห้องวิทยุ | hôrng wít-thá-yú |
| onda (f) | คลื่นความถี่ | khlêun khwaam thèe |
| giornale (m) di bordo | สมุดบันทึก | sà-mùt ban-théuk |
| | | |
| cannocchiale (m) | กล้องส่องทางไกล | glôrng sòrng thaang glai |
| campana (f) | ระฆัง | rá-khang |
| bandiera (f) | ธง | thorng |
| | | |
| cavo (m) (~ d'ormeggio) | เชือก | chêuak |
| nodo (m) | ปม | bpom |
| | | |
| ringhiera (f) | ราว | raao |
| passerella (f) | ไม้พาดให้ ขึ้นลงเรือ | mái phâat hâi khêun long reua |
| | | |
| ancora (f) | สมอ | sà-mŏr |
| levare l'ancora | ถอนสมอ | thŏrn sà-mŏr |
| gettare l'ancora | ทอดสมอ | thôrt sà-mŏr |
| catena (f) dell'ancora | โซ่สมอเรือ | sôh sà-mŏr reua |
| | | |
| porto (m) | ท่าเรือ | thâa reua |
| banchina (f) | ท่า | thâa |
| ormeggiarsi (vr) | จอดเทียบท่า | jòt thîap tâa |
| salpare (vi) | ออกจากท่า | òrk jàak tâa |
| | | |
| viaggio (m) | การเดินทาง | gaan dern thaang |
| crociera (f) | การล่องเรือ | gaan lôrng reua |
| rotta (f) | เส้นทาง | sên thaang |
| itinerario (m) | เส้นทาง | sên thaang |
| | | |
| tratto (m) navigabile | ร่องเรือเดิน | rông reua dern |
| secca (f) | โขด | khòht |
| arenarsi (vr) | เกยตื้น | goie dtêun |
| | | |
| tempesta (f) | พายุ | phaa-yú |
| segnale (m) | สัญญาณ | sǎn-yaan |
| affondare (andare a fondo) | ล่ม | lôm |
| Uomo in mare! | คนตกเรือ! | kon dtòk reua |
| SOS | SOS | es-o-es |
| salvagente (m) anulare | ห่วงยาง | hùang yaang |

# CITTÀ

## 27. Mezzi pubblici in città

| | | |
|---|---|---|
| autobus (m) | รถเมล์ | rót may |
| tram (m) | รถราง | rót raang |
| filobus (m) | รถโดยสารประจำ ทางไฟฟ้า | rót doi sǎan bprà-jam thaang fai fáa |
| itinerario (m) | เส้นทาง | sên thaang |
| numero (m) | หมายเลข | mǎai lâyk |
| | | |
| andare in ... | ไปด้วย | bpai dûay |
| salire (~ sull'autobus) | ขึ้น | khêun |
| scendere da ... | ลง | long |
| | | |
| fermata (f) (~ dell'autobus) | ป้าย | bpâai |
| prossima fermata (f) | ป้ายถัดไป | bpâai thàt bpai |
| capolinea (m) | ป้ายสุดท้าย | bpâai sùt tháai |
| orario (m) | ตารางเวลา | dtaa-raang way-laa |
| aspettare (vt) | รอ | ror |
| | | |
| biglietto (m) | ตั๋ว | dtǔa |
| prezzo (m) del biglietto | ค่าตั๋ว | khâa dtǔa |
| cassiere (m) | คนขายตั๋ว | khon khǎai dtǔa |
| controllo (m) dei biglietti | การตรวจตั๋ว | gaan dtrùat dtǔa |
| bigliettaio (m) | พนักงานตรวจตั๋ว | phá-nák ngaan dtrùat dtǔa |
| | | |
| essere in ritardo | ไปสาย | bpai sǎai |
| perdere (~ il treno) | พลาด | phlâat |
| avere fretta | รีบเร่ง | rêep râyng |
| | | |
| taxi (m) | แท็กซี่ | tháek-sêe |
| taxista (m) | คนขับแท็กซี่ | khon khàp tháek-sêe |
| in taxi | โดยแท็กซี่ | doi tháek-sêe |
| parcheggio (m) di taxi | ป้ายจอดแท็กซี่ | bpâai jòrt tháek sêe |
| chiamare un taxi | เรียกแท็กซี่ | rîak tháek sêe |
| prendere un taxi | ขึ้นรถแท็กซี่ | khêun rót tháek-sêe |
| | | |
| traffico (m) | การจราจร | gaan jà-raa-jon |
| ingorgo (m) | การจราจรติดขัด | gaan jà-raa-jon dtìt khàt |
| ore (f pl) di punta | ชั่วโมงเร่งด่วน | chûa mohng râyng dùan |
| parcheggiarsi (vr) | จอด | jòrt |
| parcheggiare (vt) | จอด | jòrt |
| parcheggio (m) | ลานจอดรถ | laan jòrt rót |
| | | |
| metropolitana (f) | รถไฟใต้ดิน | rót fai dtâi din |
| stazione (f) | สถานี | sà-thǎa-nee |
| prendere la metropolitana | ขึ้นรถไฟใต้ดิน | khêun rót fai dtâi din |
| treno (m) | รถไฟ | rót fai |
| stazione (f) ferroviaria | สถานีรถไฟ | sà-thǎa-nee rót fai |

## 28. Città. Vita di città

| Italiano | Thailandese | Pronuncia |
|---|---|---|
| città (f) | เมือง | meuang |
| capitale (f) | เมืองหลวง | meuang lŭang |
| villaggio (m) | หมู่บ้าน | mòo bâan |
| | | |
| mappa (f) della città | แผนที่เมือง | phăen thêe meuang |
| centro (m) della città | ใจกลางเมือง | jai glaang-meuang |
| sobborgo (m) | ชานเมือง | chaan meuang |
| suburbano (agg) | ชานเมือง | chaan meuang |
| | | |
| periferia (f) | รอบนอกเมือง | rôrp nôrk meuang |
| dintorni (m pl) | เขตรอบเมือง | khàyt rôrp-meuang |
| isolato (m) | บล็อกผังเมือง | blòrk phăng meuang |
| quartiere residenziale | บล็อกที่อยู่อาศัย | blòrk thêe yòo aa-săi |
| | | |
| traffico (m) | การจราจร | gaan jà-raa-jon |
| semaforo (m) | ไฟจราจร | fai jà-raa-jon |
| trasporti (m pl) urbani | ขนส่งมวลชน | khŏn sòng muan chon |
| incrocio (m) | สี่แยก | sèe yâek |
| | | |
| passaggio (m) pedonale | ทางม้าลาย | thaang máa laai |
| sottopassaggio (m) | อุโมงค์คนเดิน | u-mohng kon dern |
| attraversare (vt) | ข้าม | khâam |
| pedone (m) | คนเดินเท้า | khon dern tháo |
| marciapiede (m) | ทางเท้า | thaang tháo |
| | | |
| ponte (m) | สะพาน | sà-phaan |
| banchina (f) | ทางเลียบแม่น้ำ | thaang lîap mâe náam |
| fontana (f) | น้ำพุ | nám phú |
| | | |
| vialetto (m) | ทางเลียบสวน | thaang lîap sŭan |
| parco (m) | สวน | sŭan |
| boulevard (m) | ถนนกว้าง | thà-nŏn gwâang |
| piazza (f) | จัตุรัส | jàt-dtù-ràt |
| viale (m), corso (m) | ถนนใหญ่ | thà-nŏn yài |
| via (f), strada (f) | ถนน | thà-nŏn |
| vicolo (m) | ซอย | soi |
| vicolo (m) cieco | ทางตัน | thaang dtan |
| | | |
| casa (f) | บ้าน | bâan |
| edificio (m) | อาคาร | aa-khaan |
| grattacielo (m) | ตึกระฟ้า | dtèuk rá-fáa |
| | | |
| facciata (f) | ด้านหน้าอาคาร | dâan-nâa aa-khaan |
| tetto (m) | หลังคา | lăng khaa |
| finestra (f) | หน้าต่าง | nâa dtàang |
| arco (m) | ซุมประตู | súm bprà-dtoo |
| colonna (f) | เสา | săo |
| angolo (m) | มุม | mum |
| | | |
| vetrina (f) | หน้าต่างร้านค้า | nâa dtàang ráan kháa |
| insegna (f) (di negozi, ecc.) | ป้ายร้าน | bpàai ráan |
| cartellone (m) | โปสเตอร์ | bpòht-dtêr |
| cartellone (m) pubblicitario | ป้ายโฆษณา | bpâai khôht-sà-naa |

| tabellone (m) pubblicitario | กระดานปิดประกาศ | grà-daan bpìt bprà-gàat |
| | โฆษณา | khôht-sà-naa |
| pattume (m), spazzatura (f) | ขยะ | khà-yà |
| pattumiera (f) | ถังขยะ | thăng khà-yà |
| sporcare (vi) | ทิ้งขยะ | thíng khà-yà |
| discarica (f) di rifiuti | ที่ทิ้งขยะ | thêe thíng khà-yà |

| cabina (f) telefonica | ตู้โทรศัพท์ | dtôo thoh-rá-sàp |
| lampione (m) | เสาโคม | săo khohm |
| panchina (f) | มานั่ง | máa nâng |

| poliziotto (m) | เจ้าหน้าที่ตำรวจ | jâo nâa-thêe dtam-rùat |
| polizia (f) | ตำรวจ | dtam-rùat |
| mendicante (m) | ขอทาน | khŏr thaan |
| barbone (m) | คนไร้บาน | khon rái bâan |

## 29. Servizi cittadini

| negozio (m) | ร้านค้า | ráan kháa |
| farmacia (f) | ร้านขายยา | ráan khăai yaa |
| ottica (f) | รานตัดแว่น | ráan dtàt wâen |
| centro (m) commerciale | ศูนย์การค้า | sŏon gaan kháa |
| supermercato (m) | ซูเปอร์มาร์เก็ต | soo-bper-maa-gèt |

| panetteria (f) | ร้านขนมปัง | ráan khà-nŏm bpang |
| fornaio (m) | คนอบขนมปัง | khon òp khà-nŏm bpang |
| pasticceria (f) | ร้านขนม | ráan khà-nŏm |
| drogheria (f) | ร้านขายของชำ | ráan khăai khŏrng cham |
| macelleria (f) | รานขายเนื้อ | ráan khăai néua |

| fruttivendolo (m) | ร้านขายผัก | ráan khăai phàk |
| mercato (m) | ตลาด | dtà-làat |

| caffè (m) | ร้านกาแฟ | ráan gaa-fae |
| ristorante (m) | รานอาหาร | ráan aa-hăan |
| birreria (f), pub (m) | บาร์ | baa |
| pizzeria (f) | รานพิซซ่า | ráan phís-sâa |

| salone (m) di parrucchiere | ร้านทำผม | ráan tham phŏm |
| ufficio (m) postale | โรงไปรษณีย์ | rohng bprai-sà-nee |
| lavanderia (f) a secco | ร้านซักแหง | ráan sák hâeng |
| studio (m) fotografico | หองถายภาพ | hôrng thàai phâap |

| negozio (m) di scarpe | ร้านขายรองเท้า | ráan khăai rorng táo |
| libreria (f) | ร้านขายหนังสือ | ráan khăai năng-sěu |
| negozio (m) sportivo | รานขายอุปกรณ์กีฬา | ráan khăai u-bpà-gon gee-laa |

| riparazione (f) di abiti | ร้านซ่อมเสื้อผ้า | ráan sôrm sêua phâa |
| noleggio (m) di abiti | ร้านเช่าเสื้อออกงาน | ráan châo sêua òrk ngaan |
| noleggio (m) di film | รานเช่าวิดีโอ | ráan châo wí-dee-oh |

| circo (m) | โรงละครสัตว์ | rohng lá-khon sàt |
| zoo (m) | สวนสัตว์ | sŭan sàt |
| cinema (m) | โรงภาพยนตร์ | rohng phâap-phá-yon |

| museo (m) | พิพิธภัณฑ์ | phí-phítha phan |
| biblioteca (f) | หองสมุด | hôrng sà-mùt |

| teatro (m) | โรงละคร | rohng lá-khon |
| teatro (m) dell'opera | โรงอุปรากร | rohng ù-bpà-raa-gon |
| locale notturno (m) | ไนทคลับ | nai-khláp |
| casinò (m) | คาสิโน | khaa-sì-noh |

| moschea (f) | สุเหร่า | sù-rào |
| sinagoga (f) | โบสถ์ยิว | bòht yiw |
| cattedrale (f) | อาสนวิหาร | aa sŏn wí-hăan |
| tempio (m) | วิหาร | wí-hăan |
| chiesa (f) | โบสถ | bòht |

| istituto (m) | วิทยาลัย | wít-thá-yaa-lai |
| università (f) | มหาวิทยาลัย | má-hăa wít-thá-yaa-lai |
| scuola (f) | โรงเรียน | rohng rian |

| prefettura (f) | ศาลากลางจังหวัด | săa-laa glaang jang-wàt |
| municipio (m) | ศาลาเทศบาล | săa-laa thâyt-sà-baan |
| albergo, hotel (m) | โรงแรม | rohng raem |
| banca (f) | ธนาคาร | thá-naa-khaan |

| ambasciata (f) | สถานทูต | sà-thăan thôot |
| agenzia (f) di viaggi | บริษัททัวร์ | bor-rí-sàt thua |
| ufficio (m) informazioni | สำนัฎงาน | săm-nák ngaan |
| | ศูนยขอมูล | sŏon khôr moon |
| ufficio (m) dei cambi | รานแลกเงิน | ráan lâek ngern |

| metropolitana (f) | รถไฟใต้ดิน | rót fai dtâi din |
| ospedale (m) | โรงพยาบาล | rohng phá-yaa-baan |

| distributore (m) di benzina | ปั้มน้ำมัน | bpám náam man |
| parcheggio (m) | ลานจอดรถ | laan jòrt rót |

## 30. Cartelli

| insegna (f) (di negozi, ecc.) | ป้ายร้าน | bpâai ráan |
| iscrizione (f) | ป้ายเตือน | bpâai dteuan |
| cartellone (m) | โปสเตอร | bpòht-dtêr |
| segnale (m) di direzione | ป้ายบอกทาง | bpâai bòrk thaang |
| freccia (f) | ลูกศร | lôok sŏn |

| avvertimento (m) | คำเตือน | kham dteuan |
| avviso (m) | ป้ายเตือน | bpâai dteuan |
| avvertire, avvisare (vt) | เตือน | dteuan |

| giorno (m) di riposo | วันหยุด | wan yùt |
| orario (m) | ตารางเวลา | dtaa-raang way-laa |
| orario (m) di apertura | เวลาทำการ | way-laa tham gaan |

| BENVENUTI! | ยินดีต้อนรับ! | yin dee dtôrn ráp |
| ENTRATA | ทางเขา | thaang khâo |
| USCITA | ทางออก | thaang òrk |

| | | |
|---|---|---|
| SPINGERE | ผลัก | phlàk |
| TIRARE | ดึง | deung |
| APERTO | เปิด | bpèrt |
| CHIUSO | ปิด | bpìt |
| | | |
| DONNE | หญิง | yǐng |
| UOMINI | ชาย | chaai |
| | | |
| SCONTI | ลดราคา | lót raa-khaa |
| SALDI | ขายของลดราคา | khǎai khǒrng lót raa-khaa |
| NOVITÀ! | ใหม่! | mài |
| GRATIS | ฟรี | free |
| | | |
| ATTENZIONE! | โปรดทราบ! | bpròht sâap |
| COMPLETO | ไม่มีห้องว่าง | mâi mee hôrng wâang |
| RISERVATO | จองแล้ว | jorng láew |
| | | |
| AMMINISTRAZIONE | สำนักงาน | sǎm-nák ngaan |
| RISERVATO AL PERSONALE | เฉพาะพนักงาน | chà-phór phá-nák ngaan |
| | | |
| ATTENTI AL CANE | ระวังสุนัข! | rá-wang sù-nák |
| VIETATO FUMARE! | ห้ามสูบบุหรี่ | hâam sòop bù rèe |
| NON TOCCARE | ห้ามแตะ! | hâam dtàe |
| | | |
| PERICOLOSO | อันตราย | an-dtà-raai |
| PERICOLO | อันตราย | an-dtà-raai |
| ALTA TENSIONE | ไฟฟ้าแรงสูง | fai fáa raeng sǒong |
| DIVIETO DI BALNEAZIONE | ห้ามว่ายน้ำ! | hâam wâai náam |
| GUASTO | เสีย | sǐa |
| | | |
| INFIAMMABILE | อันตรายติดไฟ | an-dtà-raai dtìt fai |
| VIETATO | ห้าม | hâam |
| VIETATO L'INGRESSO | ห้ามผ่าน! | hâam phàan |
| VERNICE FRESCA | สีพื้นเปียก | sǎe phéun bpìak |

## 31. Acquisti

| | | |
|---|---|---|
| comprare (vt) | ซื้อ | séu |
| acquisto (m) | ของซื้อ | khǒrng séu |
| fare acquisti | ไปซื้อของ | bpai séu khǒrng |
| shopping (m) | การชอปปิง | gaan chôp bping |
| | | |
| essere aperto (negozio) | เปิด | bpèrt |
| essere chiuso | ปิด | bpìt |
| | | |
| calzature (f pl) | รองเท้า | rorng tháo |
| abbigliamento (m) | เสื้อผ้า | sêua phâa |
| cosmetica (f) | เครื่องสำอาง | khrêuang sǎm-aang |
| alimentari (m pl) | อาหาร | aa-hǎan |
| regalo (m) | ของขวัญ | khǒrng khwǎn |
| | | |
| commesso (m) | พนักงานขาย | phá-nák ngaan khǎai |
| commessa (f) | พนักงานขาย | phá-nák ngaan khǎai |

| | | |
|---|---|---|
| cassa (f) | ที่จ่ายเงิน | thêe jàai ngern |
| specchio (m) | กระจก | grà-jòk |
| banco (m) | เคาน์เตอร์ | khao-dtêr |
| camerino (m) | ห้องลองเสื้อผ้า | hôrng lorng sêua phâa |
| | | |
| provare (~ un vestito) | ลอง | lorng |
| stare bene (vestito) | เหมาะ | mò |
| piacere (vi) | ชอบ | chôrp |
| | | |
| prezzo (m) | ราคา | raa-khaa |
| etichetta (f) del prezzo | ป้ายราคา | bpâai raa-khaa |
| costare (vt) | ราคา | raa-khaa |
| Quanto? | ราคาเท่าไหร่? | raa-khaa thâo rài |
| sconto (m) | ลดราคา | lót raa-khaa |
| | | |
| no muy caro (agg) | ไม่แพง | mâi phaeng |
| a buon mercato | ถูก | thòok |
| caro (agg) | แพง | phaeng |
| È caro | มันราคาแพง | man raa-khaa phaeng |
| | | |
| noleggio (m) | การเช่า | gaan châo |
| noleggiare (~ un abito) | เช่า | châo |
| credito (m) | สินเชื่อ | sĭn chêua |
| a credito | ซื้อเงินเชื่อ | séu ngern chêua |

# ABBIGLIAMENTO E ACCESSORI

## 32. Indumenti. Soprabiti

| | | |
|---|---|---|
| vestiti (m pl) | เสื้อผ้า | sêua phâa |
| soprabito (m) | เสื้อนอก | sêua nôk |
| abiti (m pl) invernali | เสื้อกันหนาว | sêua gan năao |
| | | |
| cappotto (m) | เสื้อโค้ท | sêua khóht |
| pelliccia (f) | เสื้อโค้ทขนสัตว์ | sêua khóht khŏn sàt |
| pellicciotto (m) | แจ็คเก็ตขนสัตว์ | jáek-gèt khŏn sàt |
| piumino (m) | แจ็คเก็ตกันหนาว | jàek-gèt gan năao |
| | | |
| giubbotto (m), giaccha (f) | แจ็คเก็ต | jáek-gèt |
| impermeabile (m) | เสื้อกันฝน | sêua gan fŏn |
| impermeabile (agg) | ซึ่งกันน้ำได้ | sêung gan náam dâai |

## 33. Abbigliamento uomo e donna

| | | |
|---|---|---|
| camicia (f) | เสื้อ | sêua |
| pantaloni (m pl) | กางเกง | gaang-gayng |
| jeans (m pl) | กางเกงยีนส์ | gaang-gayng yeen |
| giacca (f) (~ di tweed) | แจ็คเก็ตสูท | jàek-gèt sòot |
| abito (m) da uomo | ชุดสูท | chút sòot |
| | | |
| abito (m) | ชุดเดรส | chút draet |
| gonna (f) | กระโปรง | grà bprohng |
| camicetta (f) | เสื้อ | sêua |
| giacca (f) a maglia | แจ็คเก็ตถัก | jáek-gèt thàk |
| giacca (f) tailleur | แจคเก็ต | jáek-gèt |
| | | |
| maglietta (f) | เสื้อยืด | sêua yêut |
| pantaloni (m pl) corti | กางเกงขาสั้น | gaang-gayng khăa sân |
| tuta (f) sportiva | ชุดวอรม | chút wom |
| accappatoio (m) | เสื้อคลุมอาบน้ำ | sêua khlum àap náam |
| pigiama (m) | ชุดนอน | chút norn |
| | | |
| maglione (m) | เสื้อไหมพรม | sêua măi phrom |
| pullover (m) | เสื้อกันหนาวแบบสวม | sêua gan năao bàep sŭam |
| | | |
| gilè (m) | เสื้อกั๊ก | sêua gák |
| frac (m) | เสื้อเทลโค้ต | sêua thayn-khóht |
| smoking (m) | ชุดทักซิโด | chút thák sí dôh |
| | | |
| uniforme (f) | เครื่องแบบ | khrêuang bàep |
| tuta (f) da lavoro | ชุดทำงาน | chút tam ngaan |
| salopette (f) | ชุดเอี๊ยม | chút íam |
| camice (m) (~ del dottore) | เสื้อคลุม | sêua khlum |

## 34. Abbigliamento. Biancheria intima

| | | |
|---|---|---|
| biancheria (f) intima | ชุดชั้นใน | chút chán nai |
| boxer (m pl) | กางเกงในชาย | gaang-gayng nai chaai |
| mutandina (f) | กางเกงในสตรี | gaang-gayng nai sàt-dtree |
| maglietta (f) intima | เสื้อชั้นใน | sêua chán nai |
| calzini (m pl) | ถุงเท้า | thǔng tháo |
| | | |
| camicia (f) da notte | ชุดนอนสตรี | chút norn sàt-dtree |
| reggiseno (m) | ยกทรง | yók song |
| calzini (m pl) alti | ถุงเท้ายาว | thǔng tháo yaao |
| collant (m) | ถุงน่องเต็มตัว | thǔng nôrng dtem dtua |
| calze (f pl) | ถุงน่อง | thǔng nôrng |
| costume (m) da bagno | ชุดว่ายน้ำ | chút wâai náam |

## 35. Copricapo

| | | |
|---|---|---|
| cappello (m) | หมวก | mùak |
| cappello (m) di feltro | หมวก | mùak |
| cappello (m) da baseball | หมวกเบสบอล | mùak bàyt-bon |
| coppola (f) | หมวกติงลี่ | mùak dting lêe |
| | | |
| basco (m) | หมวกเบเร่ต์ | mùak bay-rây |
| cappuccio (m) | ฮูด | hóot |
| panama (m) | หมวกปานามา | mùak bpaa-naa-maa |
| berretto (m) a maglia | หมวกไหมพรม | mùak mǎi phrom |
| | | |
| fazzoletto (m) da capo | ผ้าโพกศีรษะ | phâa phôhk sěe-sà |
| cappellino (m) donna | หมวกสตรี | mùak sàt-dtree |
| | | |
| casco (m) (~ di sicurezza) | หมวกนิรภัย | mùak ní-rá-phai |
| bustina (f) | หมวกหนีบ | mùak nèep |
| casco (m) (~ moto) | หมวกกันน็อค | mùak ní-rá-phai |
| | | |
| bombetta (f) | หมวกกลมทรงสูง | mùak glom song sǒong |
| cilindro (m) | หมวกทรงสูง | mùak song sǒong |

## 36. Calzature

| | | |
|---|---|---|
| calzature (f pl) | รองเท้า | rorng tháo |
| stivaletti (m pl) | รองเท้า | rorng tháo |
| scarpe (f pl) | รองเท้า | rorng tháo |
| stivali (m pl) | รองเท้าบูท | rorng tháo bòot |
| pantofole (f pl) | รองเท้าแตะในบ้าน | rorng tháo dtàe nai bâan |
| | | |
| scarpe (f pl) da tennis | รองเท้ากีฬา | rorng tháo gee-laa |
| scarpe (f pl) da ginnastica | รองเท้าผ้าใบ | rorng tháo phâa bai |
| sandali (m pl) | รองเท้าแตะ | rorng tháo dtàe |
| | | |
| calzolaio (m) | คนซ่อมรองเท้า | khon sôrm rorng tháo |
| tacco (m) | ส้นรองเท้า | sôn rorng tháo |

| paio (m) | คู่ | khôo |
| laccio (m) | เชือกรองเท้า | chêuak rorng tháo |
| allacciare (vt) | ผูกเชือกรองเท้า | phòok chêuak rorng tháo |
| calzascarpe (m) | ที่ช้อนรองเท้า | thêe chón rorng tháo |
| lucido (m) per le scarpe | ยาขัดรองเท้า | yaa khàt rorng tháo |

## 37. Accessori personali

| guanti (m pl) | ถุงมือ | thŭng meu |
| manopole (f pl) | ถุงมือ | thŭng meu |
| sciarpa (f) | ผ้าพันคอ | phâa phan khor |

| occhiali (m pl) | แว่นตา | wâen dtaa |
| montatura (f) | กรอบแว่น | gròrp wâen |
| ombrello (m) | ร่ม | rôm |
| bastone (m) | ไม้เท้า | máai tháo |
| spazzola (f) per capelli | แปรงหวีผม | bpraeng wĕe phŏm |
| ventaglio (m) | พัด | phát |

| cravatta (f) | เนคไท | nâyk-thai |
| cravatta (f) a farfalla | โบว์หูกระต่าย | boh hŏo grà-dtàai |
| bretelle (f pl) | สายเอี่ยม | săai íam |
| fazzoletto (m) | ผ้าเช็ดหน้า | phâa chét-nâa |

| pettine (m) | หวี | wĕe |
| fermaglio (m) | ที่หนีบผม | têe nèep phŏm |
| forcina (f) | กิ๊บ | gíp |
| fibbia (f) | หัวเข็มขัด | hŭa khĕm khàt |

| cintura (f) | เข็มขัด | khĕm khàt |
| spallina (f) | สายกระเป๋า | săai grà-bpăo |

| borsa (f) | กระเป๋า | grà-bpăo |
| borsetta (f) | กระเป๋าถือ | grà-bpăo thĕu |
| zaino (m) | กระเป๋าสะพายหลัง | grà-bpăo sà-phaai lăng |

## 38. Abbigliamento. Varie

| moda (f) | แฟชั่น | fae-chân |
| di moda | คานิยม | khâa ní-yom |
| stilista (m) | นักออกแบบแฟชั่น | nák òrk bàep fae-chân |

| collo (m) | คอปกเสื้อ | khor bpòk sêua |
| tasca (f) | กระเป๋า | grà-bpăo |
| tascabile (agg) | กระเป๋า | grà-bpăo |
| manica (f) | แขนเสื้อ | khăen sêua |
| asola (f) per appendere | ที่แขวนเสื้อ | thêe khwăen sêua |
| patta (f) (~ dei pantaloni) | ซิปกางเกง | síp gaang-gayng |

| cerniera (f) lampo | ซิป | síp |
| chiusura (f) | ซิป | síp |
| bottone (m) | กระดุม | grà dum |

| occhiello (m) | รูกระดุม | roo grà dum |
| staccarsi (un bottone) | หลุดออก | lùt òrk |

| cucire (vi, vt) | เย็บ | yép |
| ricamare (vi, vt) | ปัก | bpàk |
| ricamo (m) | ลายปัก | laai bpàk |
| ago (m) | เข็มเย็บผ้า | khěm yép phâa |
| filo (m) | เส้นด้าย | sây-dâai |
| cucitura (f) | รอยเย็บ | roi yép |

| sporcarsi (vr) | สกปรก | sòk-gà-bpròk |
| macchia (f) | รอยเปื้อน | roi bpêuan |
| sgualcirsi (vr) | พับเป็นรอยยับ | pháp bpen roi yôn |
| strappare (vt) | ฉีก | chèek |
| tarma (f) | แมลงกินผ้า | má-laeng gin phâa |

## 39. Cura della persona. Cosmetici

| dentifricio (m) | ยาสีฟัน | yaa sěe fan |
| spazzolino (m) da denti | แปรงสีฟัน | bpraeng sěe fan |
| lavarsi i denti | แปรงฟัน | bpraeng fan |

| rasoio (m) | มีดโกน | mêet gohn |
| crema (f) da barba | ครีมโกนหนวด | khreem gohn nùat |
| rasarsi (vr) | โกน | gohn |

| sapone (m) | สบู่ | sà-bòo |
| shampoo (m) | แชมพู | chaem-phoo |

| forbici (f pl) | กรรไกร | gan-grai |
| limetta (f) | ตะไบเล็บ | dtà-bai lép |
| tagliaunghie (m) | กรรไกรตัดเล็บ | gan-grai dtàt lép |
| pinzette (f pl) | แหนบ | nàep |

| cosmetica (f) | เครื่องสำอาง | khrêuang sǎm-aang |
| maschera (f) di bellezza | มาสก์หน้า | mâak nâa |
| manicure (m) | การแต่งเล็บ | gaan dtàeng lép |
| fare la manicure | แต่งเล็บ | dtàeng lép |
| pedicure (m) | การแต่งเล็บเท้า | gaan dtàeng lép táo |

| borsa (f) del trucco | กระเป๋าเครื่องสำอาง | grà-bpǎo khrêuang sǎm-aang |
| cipria (f) | แป้งฝุ่น | bpâeng-fùn |
| portacipria (m) | ตลับแป้ง | dtà-làp bpâeng |
| fard (m) | แป้งทาแก้ม | bpâeng thaa gâem |

| profumo (m) | น้ำหอม | nám hǒrm |
| acqua (f) da toeletta | น้ำหอมอ่อนๆ | náam hǒrm òn òn |
| lozione (f) | โลชัน | loh-chân |
| acqua (f) di Colonia | โคโลญจ์ | khoh-lohn |

| ombretto (m) | อายแชโดว์ | aai-chae-doh |
| eyeliner (m) | อายไลเนอร์ | aai lai-ner |
| mascara (m) | มาสคารา | mâat-khaa-râa |
| rossetto (m) | ลิปสติก | líp-sà-dtìk |

| | | |
|---|---|---|
| smalto (m) | น้ำยาทาเล็บ | nám yaa-thaa lép |
| lacca (f) per capelli | สเปรย์ฉีดผม | sà-bpray chèet phŏm |
| deodorante (m) | ยาดับกลิ่น | yaa dàp glìn |

| | | |
|---|---|---|
| crema (f) | ครีม | khreem |
| crema (f) per il viso | ครีมทาหน้า | khreem thaa nâa |
| crema (f) per le mani | ครีมทามือ | khreem thaa meu |
| crema (f) antirughe | ครีมลดริ้วรอย | khreem lót ríw roi |
| crema (f) da giorno | ครีมกลางวัน | khreem klaang wan |
| crema (f) da notte | ครีมกลางคืน | khreem klaang kheun |
| da giorno | กลางวัน | glaang wan |
| da notte | กลางคืน | glaang kheun |

| | | |
|---|---|---|
| tampone (m) | ผ้าอนามัยแบบสอด | phâa a-naa-mai bàep sòrt |
| carta (f) igienica | กระดาษชำระ | grà-dàat cham-rá |
| fon (m) | เครื่องเป่าผม | khrêuang bpào phŏm |

## 40. Orologi da polso. Orologio

| | | |
|---|---|---|
| orologio (m) (~ da polso) | นาฬิกา | naa-lí-gaa |
| quadrante (m) | หน้าปัด | nâa bpàt |
| lancetta (f) | เข็ม | khĕm |
| braccialetto (m) | สายนาฬิกาข้อมือ | săai naa-lí-gaa khôr meu |
| cinturino (m) | สายรัดข้อมือ | săai rát khôr meu |

| | | |
|---|---|---|
| pila (f) | แบตเตอรี่ | bàet-dter-rêe |
| essere scarico | หมด | mòt |
| cambiare la pila | เปลี่ยนแบตเตอรี่ | bplìan bàet-dter-rêe |
| andare avanti | เดินเร็วเกินไป | dern reo gern bpai |
| andare indietro | เดินช้า | dern cháa |

| | | |
|---|---|---|
| orologio (m) da muro | นาฬิกาแขวนผนัง | naa-lí-gaa khwăen phà-năng |
| clessidra (f) | นาฬิกาทราย | naa-lí-gaa saai |
| orologio (m) solare | นาฬิกาแดด | naa-lí-gaa dàet |
| sveglia (f) | นาฬิกาปลุก | naa-lí-gaa bplùk |
| orologiaio (m) | ช่างซ่อมนาฬิกา | châang sôrm naa-lí-gaa |
| riparare (vt) | ซ่อม | sôrm |

# L'ESPERIENZA QUOTIDIANA

## 41. Denaro

| | | |
|---|---|---|
| soldi (m pl) | เงิน | ngern |
| cambio (m) | การแลกเปลี่ยนสกุลเงิน | gaan lâek bplìan sà-gun ngern |
| corso (m) di cambio | อัตราแลกเปลี่ยนสกุลเงิน | àt-dtraa lâek bplìan sà-gun ngern |
| bancomat (m) | เอทีเอ็ม | ay-thee-em |
| moneta (f) | เหรียญ | rĭan |
| | | |
| dollaro (m) | ดอลลาร์ | dorn-lâa |
| euro (m) | ยูโร | yoo-roh |
| | | |
| lira (f) | ลีราอิตาลี | lee-raa ì-dtaa-lee |
| marco (m) | มาร์ค | mâak |
| franco (m) | ฟรังค์ | frang |
| sterlina (f) | ปอนด์สเตอร์ลิง | bporn sà-dtêr-ling |
| yen (m) | เยน | yayn |
| | | |
| debito (m) | หนี้ | nêe |
| debitore (m) | ลูกหนี้ | lôok nêe |
| prestare (~ i soldi) | ให้ยืม | hâi yeum |
| prendere in prestito | ขอยืม | khŏr yeum |
| | | |
| banca (f) | ธนาคาร | thá-naa-khaan |
| conto (m) | บัญชี | ban-chee |
| versare (vt) | ฝาก | fàak |
| versare sul conto | ฝากเงินเข้าบัญชี | fàak ngern khâo ban-chee |
| prelevare dal conto | ถอน | thŏrn |
| | | |
| carta (f) di credito | บัตรเครดิต | bàt khray-dìt |
| contanti (m pl) | เงินสด | ngern sòt |
| assegno (m) | เช็ค | chék |
| emettere un assegno | เขียนเช็ค | khĭan chék |
| libretto (m) di assegni | สมุดเช็ค | sà-mùt chék |
| | | |
| portafoglio (m) | กระเป๋าเงิน | grà-bpăo ngern |
| borsellino (m) | กูระเป๋าสตางค์ | grà-bpăo sà-dtaang |
| cassaforte (f) | ตู้เซฟ | dtôo sâyf |
| | | |
| erede (m) | ทายาท | thaa-yâat |
| eredità (f) | มรดก | mor-rá-dòrk |
| fortuna (f) | เงินจำนวนมาก | ngern jam-nuan mâak |
| | | |
| affitto (m), locazione (f) | สัญญาเช่า | săn-yaa châo |
| canone (m) d'affitto | ค่าเช่า | kâa châo |
| affittare (dare in affitto) | เช่า | châo |
| prezzo (m) | ราคา | raa-khaa |

| | | |
|---|---|---|
| costo (m) | ราคา | raa-khaa |
| somma (f) | จำนวนเงินรวม | jam-nuan ngern ruam |
| | | |
| spendere (vt) | จ่าย | jàai |
| spese (f pl) | ค่าจาย | khâa jàai |
| economizzare (vi, vt) | ประหยัด | bprà-yàt |
| economico (agg) | ประหยัด | bprà-yàt |
| | | |
| pagare (vi, vt) | จ่าย | jàai |
| pagamento (m) | การจ่ายเงิน | gaan jàai ngern |
| resto (m) (dare il ~) | เงินทอน | ngern thorn |
| | | |
| imposta (f) | ภาษี | phaa-sěe |
| multa (f), ammenda (f) | ค่าปรับ | khâa bpràp |
| multare (vt) | ปรับ | bpràp |

## 42. Posta. Servizio postale

| | | |
|---|---|---|
| ufficio (m) postale | โรงไปรษณีย์ | rohng bprai-sà-nee |
| posta (f) (lettere, ecc.) | จดหมาย | jòt mǎai |
| postino (m) | บุรุษไปรษณีย์ | bù-rùt bprai-sà-nee |
| orario (m) di apertura | เวลาทำการ | way-laa tham gaan |
| | | |
| lettera (f) | จดหมาย | jòt mǎai |
| raccomandata (f) | จดหมายลงทะเบียน | jòt mǎai long thá-bian |
| cartolina (f) | ไปรษณียบัตร | bprai-sà-nee-yá-bàt |
| telegramma (m) | โทรเลข | thoh-rá-lâyk |
| pacco (m) postale | พัสดุ | phát-sà-dù |
| vaglia (m) postale | การโอนเงิน | gaan ohn ngern |
| | | |
| ricevere (vt) | รับ | ráp |
| spedire (vt) | ฝาก | fàak |
| invio (m) | การฝาก | gaan fàak |
| | | |
| indirizzo (m) | ที่อยู่ | thêe yòo |
| codice (m) postale | รหัสไปรษณีย์ | rá-hàt bprai-sà-nee |
| | | |
| mittente (m) | ผู้ฝาก | phôo fàak |
| destinatario (m) | ผู้รับ | phôo ráp |
| | | |
| nome (m) | ชื่อ | chêu |
| cognome (m) | นามสกุล | naam sà-gun |
| | | |
| tariffa (f) | อัตราค่าส่งไปรษณีย์ | àt-dtraa khâa sòng bprai-sà-nee |
| | | |
| ordinario (agg) | มาตรฐาน | mâat-dtrà-thǎan |
| standard (agg) | ประหยัด | bprà-yàt |
| | | |
| peso (m) | น้ำหนัก | nám nàk |
| pesare (vt) | มีน้ำหนัก | mee nám nàk |
| busta (f) | ซอง | sorng |
| francobollo (m) | แสตมป์ไปรษณีย์ | sà-dtaem bprai-sà-nee |
| affrancare (vt) | แสตมป์ตราประทับบนซอง | sà-dtaem dtraa bprà-tháp bon song |

## 43. Attività bancaria

| | | |
|---|---|---|
| banca (f) | ธนาคาร | thá-naa-khaan |
| filiale (f) | สาขา | săa-khăa |
| | | |
| consulente (m) | พนักงาน<br>ธนาคาร | phá-nák ngaan<br>thá-naa-khaan |
| direttore (m) | ผู้จัดการ | phôo jàt gaan |
| | | |
| conto (m) bancario | บัญชีธนาคาร | ban-chee thá-naa-kaan |
| numero (m) del conto | หมายเลขบัญชี | măai lâyk ban-chee |
| conto (m) corrente | กระแสรายวัน | grà-săe raai wan |
| conto (m) di risparmio | บัญชีออมทรัพย์ | ban-chee orm sáp |
| | | |
| aprire un conto | เปิดบัญชี | bpèrt ban-chee |
| chiudere il conto | ปิดบัญชี | bpìt ban-chee |
| versare sul conto | ฝากเงินเข้าบัญชี | fàak ngern khâo ban-chee |
| prelevare dal conto | ถอน | thŏrn |
| | | |
| deposito (m) | การฝาก | gaan fàak |
| depositare (vt) | ฝาก | fàak |
| trasferimento (m) telegrafico | การโอนเงิน | gaan ohn ngern |
| rimettere i soldi | โอนเงิน | ohn ngern |
| | | |
| somma (f) | จำนวนเงินรวม | jam-nuan ngern ruam |
| Quanto? | เท่าไหร่? | thâo rài |
| | | |
| firma (f) | ลายมือชื่อ | laai meu chêu |
| firmare (vt) | ลงนาม | long naam |
| | | |
| carta (f) di credito | บัตรเครดิต | bàt khray-dìt |
| codice (m) | รหัส | rá-hàt |
| numero (m) della carta<br>di credito | หมายเลขบัตรเครดิต | măai lâyk bàt khray-dìt |
| bancomat (m) | เอทีเอ็ม | ay-thee-em |
| | | |
| assegno (m) | เช็ค | chék |
| emettere un assegno | เขียนเช็ค | khĭan chék |
| libretto (m) di assegni | สมุดเช็ค | sà-mùt chék |
| | | |
| prestito (m) | เงินกู้ | ngern gôo |
| fare domanda per un prestito | ขอสินเชื่อ | khŏr sĭn chêua |
| ottenere un prestito | กู้เงิน | gôo ngern |
| concedere un prestito | ให้กู้เงิน | hâi gôo ngern |
| garanzia (f) | การรับประกัน | gaan ráp bprà-gan |

## 44. Telefono. Conversazione telefonica

| | | |
|---|---|---|
| telefono (m) | โทรศัพท์ | thoh-rá-sàp |
| telefonino (m) | มือถือ | meu thĕu |
| segreteria (f) telefonica | เครื่องพูดตอบ | khrêuang phôot dtòp |
| telefonare (vi, vt) | โทรศัพท์ | thoh-rá-sàp |
| chiamata (f) | การโทรศัพท์ | gaan thoh-rá-sàp |

| comporre un numero | หมุนหมายเลขโทรศัพท์ | mǔn mǎai lâyk thoh-rá-sàp |
|---|---|---|
| Pronto! | สวัสดี! | sà-wàt-dee |
| chiedere (domandare) | ถาม | thǎam |
| rispondere (vi, vt) | รับสาย | ráp sǎai |

| udire (vt) | ได้ยิน | dâai yin |
|---|---|---|
| bene | ดี | dee |
| male | ไม่ดี | mâi dee |
| disturbi (m pl) | เสียงรบกวน | sǐang róp guan |

| cornetta (f) | ตัวรับสัญญาณ | dtua ráp sǎn-yaan |
|---|---|---|
| alzare la cornetta | รับสาย | ráp sǎai |
| riattaccare la cornetta | วางสาย | waang sǎai |

| occupato (agg) | ไม่ว่าง | mâi wâang |
|---|---|---|
| squillare (del telefono) | ดัง | dang |
| elenco (m) telefonico | สมุดโทรศัพท์ | sà-mùt thoh-rá-sàp |

| locale (agg) | ในประเทศ | nai bprà-thâyt |
|---|---|---|
| telefonata (f) urbana | โทรในประเทศ | thoh nai bprà-thâyt |
| interurbano (agg) | ระยะไกล | rá-yá glai |
| telefonata (f) interurbana | โทรระยะไกล | thoh-rá-yá glai |
| internazionale (agg) | ต่างประเทศ | dtàang bprà-thâyt |
| telefonata (f) internazionale | โทรต่างประเทศ | thoh dtàang bprà-thâyt |

## 45. Telefono cellulare

| telefonino (m) | มือถือ | meu thěu |
|---|---|---|
| schermo (m) | หน้าจอ | nâa jor |
| tasto (m) | ปุ่ม | bpùm |
| scheda SIM (f) | ซิมการ์ด | sím gàat |

| pila (f) | แบตเตอรี่ | bàet-dter-rêe |
|---|---|---|
| essere scarico | หมด | mòt |
| caricabatteria (m) | ที่ชาร์จ | thêe châat |

| menù (m) | เมนู | may-noo |
|---|---|---|
| impostazioni (f pl) | การตั้งค่า | gaan dtâng khâa |
| melodia (f) | เสียงเพลง | sǐang phlayng |
| scegliere (vt) | เลือก | lêuak |
| calcolatrice (f) | เครื่องคิดเลข | khrêuang khít lâyk |
| segreteria (f) telefonica | ขอความเสียง | khôr khwaam sǐang |
| sveglia (f) | นาฬิกาปลุก | naa-lí-gaa bplùk |
| contatti (m pl) | รายชื่อผู้ติดต่อ | raai chêu phôo dtìt dtòr |

| messaggio (m) SMS | ŞMS | es-e-mes |
|---|---|---|
| abbonato (m) | ผู้สมัครรับบริการ | phôo sà-màk ráp bor-rí-gaan |

## 46. Articoli di cancelleria

| penna (f) a sfera | ปากกาลูกลื่น | bpàak gaa lôok lêun |
|---|---|---|
| penna (f) stilografica | ปากกาหมึกซึม | bpàak gaa mèuk seum |

| matita (f) | ดินสอ | din-sŏr |
| evidenziatore (m) | ปากกาเน้น | bpàak gaa náyn |
| pennarello (m) | ปากกาเมจิค | bpàak gaa may jìk |

| taccuino (m) | สมุดจด | sà-mùt jòt |
| agenda (f) | สมุดบันทึกรายวัน | sà-mùt ban-théuk raai wan |

| righello (m) | ไม้บรรทัด | máai ban-thát |
| calcolatrice (f) | เครื่องคิดเลข | khrêuang khít lâyk |
| gomma (f) per cancellare | ยางลบ | yaang lóp |
| puntina (f) | เป๊ก | bpáyk |
| graffetta (f) | ลวดหนีบกระดาษ | lûat nèep grà-dàat |

| colla (f) | กาว | gaao |
| pinzatrice (f) | ที่เย็บกระดาษ | thêe yép grà-dàat |
| perforatrice (f) | ที่เจาะรูกระดาษ | thêe jòr roo grà-dàat |
| temperamatite (m) | ที่เหลาดินสอ | thêe lăo din-sŏr |

## 47. Lingue straniere

| lingua (f) | ภาษา | phaa-săa |
| straniero (agg) | ตางชาติ | dtàang châat |
| lingua (f) straniera | ภาษาตางชาติ | phaa-săa dtàang châat |
| studiare (vt) | เรียน | rian |
| imparare (una lingua) | เรียน | rian |

| leggere (vi, vt) | อ่าน | àan |
| parlare (vi, vt) | พูด | phôot |
| capire (vt) | เขาใจ | khâo jai |
| scrivere (vi, vt) | เขียน | khĭan |

| rapidamente | รวดเร็ว | rûat reo |
| lentamente | อย่างช้า | yàang cháa |
| correntemente | อยางคลอง | yàang khlôrng |

| regole (f pl) | กฏ | gòt |
| grammatica (f) | ไวยากรณ์ | wai-yaa-gon |
| lessico (m) | คำศัพท | kham sàp |
| fonetica (f) | การออกเสียง | gaan òrk sĭang |

| manuale (m) | หนังสือเรียน | năng-sĕu rian |
| dizionario (m) | พจนานุกรม | phót-jà-naa-nú-grom |
| manuale (m) autodidattico | หนังสือแบบเรียน ดวยตนเอง | năng-sĕu bàep rian dûay dton ayng |
| frasario (m) | เฟรสบุก | frayt bùk |

| cassetta (f) | เทปคาสเซ็ตต์ | thâyp khaas-sét |
| videocassetta (f) | วิดีโอ | wí-dee-oh |
| CD (m) | CD | see-dee |
| DVD (m) | DVD | dee-wee-dee |

| alfabeto (m) | ตัวอักษร | dtua àk-sŏn |
| compitare (vt) | สะกด | sà-gòt |
| pronuncia (f) | การออกเสียง | gaan òrk sĭang |

| | | |
|---|---|---|
| accento (m) | สำเนียง | săm-niang |
| con un accento | มีสำเนียง | mee săm-niang |
| senza accento | ไม่มีสำเนียง | mâi mee săm-niang |
| | | |
| vocabolo (m) | คำ | kham |
| significato (m) | ความหมาย | khwaam măai |
| | | |
| corso (m) (~ di francese) | หลักสูตร | làk sòot |
| iscriversi (vr) | สมัคร | sà-màk |
| insegnante (m, f) | อาจารย์ | aa-jaan |
| | | |
| traduzione (f) (fare una ~) | การแปล | gaan bplae |
| traduzione (f) (un testo) | คำแปล | kham bplae |
| traduttore (m) | นักแปล | nák bplae |
| interprete (m) | ลาม | lâam |
| | | |
| poliglotta (m) | ผู้หลายภาษา | phôo róo lăai paa-săa |
| memoria (f) | ความทรงจำ | khwaam song jam |

# PASTI. RISTORANTE

## 48. Preparazione della tavola

| | | |
|---|---|---|
| cucchiaio (m) | ช้อน | chórn |
| coltello (m) | มีด | mêet |
| forchetta (f) | สอม | sôrm |
| | | |
| tazza (f) | แก้ว | gâew |
| piatto (m) | จาน | jaan |
| piattino (m) | จานรอง | jaan rorng |
| tovagliolo (m) | ผ้าเช็ดปาก | phâa chét bpàak |
| stuzzicadenti (m) | ไม้จิ้มฟัน | máai jîm fan |

## 49. Ristorante

| | | |
|---|---|---|
| ristorante (m) | ร้านอาหาร | ráan aa-hǎan |
| caffè (m) | ร้านกาแฟ | ráan gaa-fae |
| pub (m), bar (m) | ร้านเหล้า | ráan lâo |
| sala (f) da tè | รานน้ำชา | ráan nám chaa |
| | | |
| cameriere (m) | คนเสิร์ฟชาย | khon sèrf chaai |
| cameriera (f) | คนเสิร์ฟหญิง | khon sèrf yǐng |
| barista (m) | บาร์เทนเดอร์ | baa-thayn-dêr |
| | | |
| menù (m) | เมนู | may-noo |
| lista (f) dei vini | รายการไวน์ | raai gaan wai |
| prenotare un tavolo | จองโต๊ะ | jorng dtó |
| piatto (m) | มื้ออาหาร | méu aa-hǎan |
| ordinare (~ il pranzo) | สั่ง | sàng |
| fare un'ordinazione | สั่งอาหาร | sàng aa-hǎan |
| | | |
| aperitivo (m) | เครื่องดื่มเหล้า กอนอาหาร | khrêuang dèum lâo gòrn aa-hǎan |
| antipasto (m) | ของกินเล่น | khǒrng gin lâyn |
| dolce (m) | ของหวาน | khǒrng wǎan |
| | | |
| conto (m) | คิดเงิน | khít ngern |
| pagare il conto | จ่ายค่าอาหาร | jàai khâa aa hǎan |
| dare il resto | ให้เงินทอน | hâi ngern thorn |
| mancia (f) | เงินทิป | ngern thíp |

## 50. Pasti

| | | |
|---|---|---|
| cibo (m) | อาหาร | aa-hǎan |
| mangiare (vi, vt) | กิน | gin |

| colazione (f) | อาหารเช้า | aa-hăan cháo |
|---|---|---|
| fare colazione | ทานอาหารเช้า | thaan aa-hăan cháo |
| pranzo (m) | ข้าวเที่ยง | khâao thîang |
| pranzare (vi) | ทานอาหารเที่ยง | thaan aa-hăan thîang |
| cena (f) | อาหารเย็น | aa-hăan yen |
| cenare (vi) | ทานอาหารเย็น | thaan aa-hăan yen |

| appetito (m) | ความอยากอาหาร | kwaam yàak aa hăan |
|---|---|---|
| Buon appetito! | กินให้อร่อย! | gin hâi a-ròi |

| aprire (vt) | เปิด | bpèrt |
|---|---|---|
| rovesciare (~ il vino, ecc.) | ทำหก | tham hòk |
| rovesciarsi (vr) | ทำหกออกมา | tham hòk òrk maa |

| bollire (vi) | ต้ม | dtôm |
|---|---|---|
| far bollire | ตูม | dtôm |
| bollito (agg) | ตม | dtôm |
| raffreddare (vt) | แช่เย็น | châe yen |
| raffreddarsi (vr) | แช่เย็น | châe yen |

| gusto (m) | รสชาติ | rót châat |
|---|---|---|
| retrogusto (m) | รส | rót |

| essere a dieta | ลดน้ำหนัก | lót nám nàk |
|---|---|---|
| dieta (f) | อาหารพิเศษ | aa-hăan phí-sàyt |
| vitamina (f) | วิตามิน | wí-dtaa-min |
| caloria (f) | แคลอรี่ | khae-lor-rêe |
| vegetariano (m) | คนกินเจ | khon gin jay |
| vegetariano (agg) | มังสวิรัติ | mang-sà-wí-rát |

| grassi (m pl) | ไขมัน | khăi man |
|---|---|---|
| proteine (f pl) | โปรตีน | bproh-dteen |
| carboidrati (m pl) | คาร์โบไฮเดรต | kaa-boh-hai-dràyt |

| fetta (f), fettina (f) | แผ่น | phàen |
|---|---|---|
| pezzo (m) (~ di torta) | ชิ้น | chín |
| briciola (f) (~ di pane) | เศษ | sàyt |

## 51. Pietanze cucinate

| piatto (m) (≈ principale) | มื้ออาหาร | méu aa-hăan |
|---|---|---|
| cucina (f) | อาหาร | aa-hăan |
| ricetta (f) | ตำราอาหาร | dtam-raa aa-hăan |
| porzione (f) | สวน | sùan |

| insalata (f) | สลัด | sà-làt |
|---|---|---|
| minestra (f) | ซุป | súp |

| brodo (m) | ซุปน้ำใส | súp nám-săi |
|---|---|---|
| panino (m) | แซนด์วิช | saen-wít |
| uova (f pl) al tegamino | ไข่ทอด | khài thôrt |

| hamburger (m) | แฮมเบอร์เกอร์ | haem-ber-gêr |
|---|---|---|
| bistecca (f) | สเต็กเนื้อ | sà-dtèk néua |

| | | |
|---|---|---|
| contorno (m) | เครื่องเคียง | khrêuang khiang |
| spaghetti (m pl) | สปาเก็ตตี้ | sà-bpaa-gèt-dtêe |
| purè (m) di patate | มันฝรั่งบด | man fà-ràng bòt |
| pizza (f) | พิซซ่า | phít-sâa |
| porridge (m) | ข้าวต้ม | khâao-dtôm |
| frittata (f) | ไข่เจียว | khài jieow |

| | | |
|---|---|---|
| bollito (agg) | ต้ม | dtôm |
| affumicato (agg) | รมควัน | rom khwan |
| fritto (agg) | ทอด | thôrt |
| secco (agg) | ตากแห้ง | dtàak hâeng |
| congelato (agg) | แช่แข็ง | châe khǎeng |
| sottoaceto (agg) | ดอง | dorng |

| | | |
|---|---|---|
| dolce (gusto) | หวาน | wǎan |
| salato (agg) | เค็ม | khem |
| freddo (agg) | เย็น | yen |
| caldo (agg) | ร้อน | rórn |
| amaro (agg) | ขม | khǒm |
| buono, gustoso (agg) | อร่อย | à-ròi |

| | | |
|---|---|---|
| cuocere, preparare (vt) | ต้ม | dtôm |
| cucinare (vi) | ทำอาหาร | tham aa-hǎan |
| friggere (vt) | ทอด | thôrt |
| riscaldare (vt) | อุ่น | ùn |

| | | |
|---|---|---|
| salare (vt) | ใส่เกลือ | sài gleua |
| pepare (vt) | ใส่พริกไทย | sài phrík thai |
| grattugiare (vt) | ขูด | khòot |
| buccia (f) | เปลือก | bplèuak |
| sbucciare (vt) | ปอกเปลือก | bpòrk bplêuak |

## 52. Cibo

| | | |
|---|---|---|
| carne (f) | เนื้อ | néua |
| pollo (m) | ไก่ | gài |
| pollo (m) novello | เนื้อลูกไก่ | néua lôok gài |
| anatra (f) | เป็ด | bpèt |
| oca (f) | ห่าน | hàan |
| cacciagione (f) | สัตว์ที่ล่า | sàt thêe lâa |
| tacchino (m) | ไก่งวง | gài nguang |

| | | |
|---|---|---|
| maiale (m) | เนื้อหมู | néua mǒo |
| vitello (m) | เนื้อลูกวัว | néua lôok wua |
| agnello (m) | เนื้อแกะ | néua gàe |
| manzo (m) | เนื้อวัว | néua wua |
| coniglio (m) | เนื้อกระต่าย | néua grà-dtàai |

| | | |
|---|---|---|
| salame (m) | ไส้กรอก | sâi gròrk |
| w?rstel (m) | ไสกรอกเวียนนา | sâi gròrk wian-naa |
| pancetta (f) | หมูเบคอน | mǒo bay-khorn |
| prosciutto (m) | แฮม | haem |
| prosciutto (m) affumicato | แฮมแกมมอน | haem gaem-morn |
| pâté (m) | ปาเต | bpaa dtay |

| fegato (m) | ตับ | dtàp |
|---|---|---|
| carne (f) trita | เนื้อสับ | néua sàp |
| lingua (f) | ลิ้น | lín |

| uovo (m) | ไข่ | khài |
|---|---|---|
| uova (f pl) | ไข่ | khài |
| albume (m) | ไข่ขาว | khài khăao |
| tuorlo (m) | ไขแดง | khài daeng |

| pesce (m) | ปลา | bplaa |
|---|---|---|
| frutti (m pl) di mare | อาหารทะเล | aa hăan thá-lay |
| crostacei (m pl) | สัตว์พวกกุ้งกั้งปู | sàt phûak gûng gâng bpoo |
| caviale (m) | ไข่ปลา | khài-bplaa |

| granchio (m) | ปู | bpoo |
|---|---|---|
| gamberetto (m) | กุ้ง | gûng |
| ostrica (f) | หอยนางรม | hŏi naang rom |
| aragosta (f) | กุ้งมังกร | gûng mang-gon |
| polpo (m) | ปลาหมึก | bplaa mèuk |
| calamaro (m) | ปลาหมึกกล้วย | bplaa mèuk-glûay |

| storione (m) | ปลาสเตอร์เจียน | bpláa sà-dtêr jian |
|---|---|---|
| salmone (m) | ปลาแซลมอน | bplaa saen-morn |
| ippoglosso (m) | ปลาตาเดียว | bplaa dtaa-dieow |

| merluzzo (m) | ปลาค็อด | bplaa khót |
|---|---|---|
| scombro (m) | ปลาแม็คเคอเร็ล | bplaa máek-kay-a-rĕn |
| tonno (m) | ปลาทูน่า | bplaa thoo-nâa |
| anguilla (f) | ปลาไหล | bplaa lăi |

| trota (f) | ปลาเทราท์ | bplaa thrau |
|---|---|---|
| sardina (f) | ปลาซาร์ดีน | bplaa saa-deen |
| luccio (m) | ปลาไพค์ | bplaa phai |
| aringa (f) | ปลาเฮอร์ริง | bplaa her-ring |

| pane (m) | ขนมปัง | khà-nŏm bpang |
|---|---|---|
| formaggio (m) | เนยแข็ง | noie khăeng |
| zucchero (m) | น้ำตาล | nám dtaan |
| sale (m) | เกลือ | gleua |

| riso (m) | ข้าว | khâao |
|---|---|---|
| pasta (f) | พาสต้า | phâat-dtâa |
| tagliatelle (f pl) | กวยเตี๋ยว | gŭay-dtĭeow |

| burro (m) | เนย | noie |
|---|---|---|
| olio (m) vegetale | น้ำมันพืช | nám man phêut |
| olio (m) di girasole | น้ำมันดอกทานตะวัน | nám man dòrk thaan dtà-wan |
| margarina (f) | เนยเทียม | noie thiam |

| olive (f pl) | มะกอก | má-gòrk |
|---|---|---|
| olio (m) d'oliva | น้ำมันมะกอก | nám man má-gòrk |

| latte (m) | นม | nom |
|---|---|---|
| latte (m) condensato | นมข้น | nom khôn |
| yogurt (m) | โยเกิร์ต | yoh-gèrt |
| panna (f) acida | ซาวร์ครีม | saao khreem |

| | | |
|---|---|---|
| panna (f) | ครีม | khreem |
| maionese (m) | มายองเนส | maa-yorng-nâyt |
| crema (f) | สวนผสมของเนย<br>และน้ำตาล | sùan phà-sŏm khŏrng<br>noie láe nám dtaan |

| | | |
|---|---|---|
| cereali (m pl) | เมล็ดธัญพืช | má-lét than-yá-phêut |
| farina (f) | แป้ง | bpâeng |
| cibi (m pl) in scatola | อาหารกระป๋อง | aa-hăan grà-bpŏrng |

| | | |
|---|---|---|
| fiocchi (m pl) di mais | คอร์นเฟลค | khorn-flâyk |
| miele (m) | น้ำผึ้ง | nám phêung |
| marmellata (f) | แยม | yaem |
| gomma (f) da masticare | หมากฝรั่ง | màak fà-ràng |

## 53. Bevande

| | | |
|---|---|---|
| acqua (f) | น้ำ | nám |
| acqua (f) potabile | น้ำดื่ม | nám dèum |
| acqua (f) minerale | น้ำแร่ | nám râe |

| | | |
|---|---|---|
| liscia (non gassata) | ไม่มีฟอง | mâi mee forng |
| gassata (agg) | น้ำอัดลม | nám àt lom |
| frizzante (agg) | มีฟอง | mee forng |
| ghiaccio (m) | น้ำแข็ง | nám khăeng |
| con ghiaccio | ใส่น้ำแข็ง | sài nám khăeng |

| | | |
|---|---|---|
| analcolico (agg) | ไม่มีแอลกอฮอล์ | mâi mee aen-gor-hor |
| bevanda (f) analcolica | เครื่องดื่มที่ไม่มี<br>แอลกอฮอล์ | krêuang dèum têe mâi mee<br>aen-gor-hor |
| bibita (f) | เครื่องดื่มให้<br>ความสดชื่น | khrêuang dèum hâi<br>khwaam sòt chêun |
| limonata (f) | น้ำเลมอนเนด | nám lay-morn-nâyt |

| | | |
|---|---|---|
| bevande (f pl) alcoliche | เหล้า | lâu |
| vino (m) | ไวน์ | wai |
| vino (m) bianco | ไวน์ขาว | wai khăao |
| vino (m) rosso | ไวน์แดง | wai daeng |

| | | |
|---|---|---|
| liquore (m) | สุรา | sù-raa |
| champagne (m) | แชมเปญ | chaem-bpayn |
| vermouth (m) | เหล้าองุ่นขาวซึ่งมี<br>กลิ่นหอม | lâo a-ngùn khăao sêung mee<br>glìn hŏrm |

| | | |
|---|---|---|
| whisky | เหล้าวิสกี้ | lâu wít-sa -gêe |
| vodka (f) | เหล้าวอดกา | lâu wórt-gâa |
| gin (m) | เหล้ายิน | lâu yin |
| cognac (m) | เหล้าคอนยัก | lâu khorn yák |
| rum (m) | เหล้ารัม | lâu ram |

| | | |
|---|---|---|
| caffè (m) | กาแฟ | gaa-fae |
| caffè (m) nero | กาแฟดำ | gaa-fae dam |
| caffè latte (m) | กาแฟใส่นม | gaa-fae sài nom |
| cappuccino (m) | กาแฟคาปูชิโน | gaa-fae khaa bpoo chí noh |
| caffè (m) solubile | กาแฟสำเร็จรูป | gaa-fae săm-rèt rôop |

| | | |
|---|---|---|
| latte (m) | นม | nom |
| cocktail (m) | ค็อกเทล | khók-tayn |
| frullato (m) | มิลค์เชค | min-châyk |
| | | |
| succo (m) | น้ำผลไม้ | nám phŏn-lá-máai |
| succo (m) di pomodoro | น้ำมะเขือเทศ | nám má-khĕua thâyt |
| succo (m) d'arancia | น้ำสม | nám sôm |
| spremuta (f) | น้ำผลไม้คั้นสด | nám phŏn-lá-máai khán sòt |
| | | |
| birra (f) | เบียร์ | bia |
| birra (f) chiara | เบียร์ไลท์ | bia lai |
| birra (f) scura | เบียร์ดาร์ค | bia dàak |
| | | |
| tè (m) | ชา | chaa |
| tè (m) nero | ชาดำ | chaa dam |
| tè (m) verde | ชาเขียว | chaa khĭeow |

## 54. Verdure

| | | |
|---|---|---|
| ortaggi (m pl) | ผัก | phàk |
| verdura (f) | ผักใบเขียว | phàk bai khĭeow |
| | | |
| pomodoro (m) | มะเขือเทศ | má-khĕua thâyt |
| cetriolo (m) | แตงกวา | dtaeng-gwaa |
| carota (f) | แครอท | khae-rót |
| patata (f) | มันฝรั่ง | man fà-ràng |
| cipolla (f) | หัวหอม | hŭa hŏrm |
| aglio (m) | กระเทียม | grà-thiam |
| | | |
| cavolo (m) | กะหล่ำปลี | gà-làm bplee |
| cavolfiore (m) | ดอกกะหล่ำ | dòrk gà-làm |
| cavoletti (m pl) di Bruxelles | กะหล่ำดาว | gà-làm-daao |
| broccolo (m) | บร็อคโคลี่ | bròrk-khoh-lêe |
| barbabietola (f) | บีทรูท | bee-trôot |
| melanzana (f) | มะเขือยาว | má-khĕua-yaao |
| zucchina (f) | แตงซูคินี | dtaeng soo-khí-nee |
| zucca (f) | ฟักทอง | fák-thorng |
| rapa (f) | หัวผักกาด | hŭa-phàk-gàat |
| | | |
| prezzemolo (m) | ผักชีฝรั่ง | phàk chee fà-ràng |
| aneto (m) | ผักชีลาว | phàk-chee-laao |
| lattuga (f) | ผักกาดหอม | phàk gàat hŏrm |
| sedano (m) | คื่นช่ายุ | khêun-châai |
| asparago (m) | หน่อไม้ฝรั่ง | nòr máai fà-ràng |
| spinaci (m pl) | ผักขม | phàk khŏm |
| | | |
| pisello (m) | ถั่วลันเตา | thùa-lan-dtao |
| fave (f pl) | ถั่ว | thùa |
| mais (m) | ข้าวโพด | khâao-phôht |
| fagiolo (m) | ถั่วรูปไต | thùa rôop dtai |
| | | |
| peperone (m) | พริกหยวก | phrík-yùak |
| ravanello (m) | หัวไชเท้า | hŭa chai tháo |
| carciofo (m) | อาร์ติโชค | aa dtì chôhk |

## 55. Frutta. Noci

| | | |
|---|---|---|
| frutto (m) | ผลไม้ | phŏn-lá-máai |
| mela (f) | แอปเปิ้ล | àep-bpêrn |
| pera (f) | แพร | phae |
| limone (m) | มะนาว | má-naao |
| arancia (f) | สม | sôm |
| fragola (f) | สตรอว์เบอร์รี่ | sà-dtror-ber-rêe |
| | | |
| mandarino (m) | ส้มแมนดาริน | sôm maen daa rin |
| prugna (f) | พลัม | phlam |
| pesca (f) | ลูกทอ | lôok thór |
| albicocca (f) | แอปริคอท | ae-bprì-khôrt |
| lampone (m) | ราสเบอร์รี่ | râat-ber-rêe |
| ananas (m) | สับปะรด | sàp-bpà-rót |
| | | |
| banana (f) | กล้วย | glûay |
| anguria (f) | แตงโม | dtaeng moh |
| uva (f) | องุ่น | a-ngùn |
| amarena (f) | เชอร์รี่ | cher-rêe |
| ciliegia (f) | เชอร์รี่ป่า | cher-rêe bpàa |
| melone (m) | เมลอน | may-lorn |
| | | |
| pompelmo (m) | ส้มโอ | sôm oh |
| avocado (m) | อะโวคาโด | a-who-khaa-doh |
| papaia (f) | มะละกอ | má-lá-gor |
| mango (m) | มะมวง | má-mûang |
| melagrana (f) | ทับทิม | tháp-thim |
| | | |
| ribes (m) rosso | เรดเคอร์แรนท์ | râyt-khêr-raen |
| ribes (m) nero | แบล็คเคอร์แรนท์ | blàek khêr-raen |
| uva (f) spina | กูสเบอร์รี่ | gòot-ber-rêe |
| mirtillo (m) | บิลเบอร์รี่ | bil-ber-rêe |
| mora (f) | แบล็คเบอร์รี่ | blàek ber-rêe |
| | | |
| uvetta (f) | ลูกเกด | lôok gàyt |
| fico (m) | มะเดื่อฝรั่ง | má dèua fà-ràng |
| dattero (m) | ลูกอินทผลัม | lôok in-thá-plăm |
| | | |
| arachide (f) | ถั่วลิสง | thùa-lí-sŏng |
| mandorla (f) | อัลมอนด์ | an-morn |
| noce (f) | วอลนัต | wor-lá-nát |
| nocciola (f) | เฮเซลนัท | hay sayn nát |
| noce (f) di cocco | มะพร้าว | má-phráao |
| pistacchi (m pl) | ถั่วพิสตาชิโอ | thùa phít dtaa chí oh |

## 56. Pane. Dolci

| | | |
|---|---|---|
| pasticceria (f) | ขนม | khà-nŏm |
| pane (m) | ขนมปัง | khà-nŏm bpang |
| biscotti (m pl) | คุกกี้ | khúk-gêe |
| cioccolato (m) | ช็อกโกแลต | chók-goh-láet |
| al cioccolato (agg) | ช็อกโกแลต | chók-goh-láet |

| caramella (f) | ลูกกวาด | lôok gwàat |
| tortina (f) | ขนมเค้ก | khà-nǒm kháyk |
| torta (f) | ขนมเค้ก | khà-nǒm kháyk |

| crostata (f) | ขนมพาย | khà-nǒm phaai |
| ripieno (m) | ไส้ในขนม | sâi nai khà-nǒm |

| marmellata (f) | แยม | yaem |
| marmellata (f) di agrumi | แยมผิวส้ม | yaem phǐw sôm |
| wafer (m) | วาฟเฟิล | waaf-fern |
| gelato (m) | ไอศกรีม | ai-sà-greem |
| budino (m) | พุดดิ้ง | phút-dîng |

## 57. Spezie

| sale (m) | เกลือ | gleua |
| salato (agg) | เค็ม | khem |
| salare (vt) | ใส่เกลือ | sài gleua |

| pepe (m) nero | พริกไทย | phrík thai |
| peperoncino (m) | พริกแดง | phrík daeng |
| senape (f) | มัสตารด | mát-dtàat |
| cren (m) | ฮอสแรดิช | hórt rae dìt |

| condimento (m) | เครื่องปรุงรส | khrêuang bprung rót |
| spezie (f pl) | เครื่องเทศ | khrêuang thâyt |
| salsa (f) | ซุอส | sós |
| aceto (m) | น้ำส้มสายชู | nám sôm sǎai choo |

| anice (m) | เทียนสัตตบุษย์ | thian-sàt-dtà-bùt |
| basilico (m) | ใบโหระพา | bai hǒh rá phaa |
| chiodi (m pl) di garofano | กานพลู | gaan-phloo |
| zenzero (m) | ขิง | khǐng |
| coriandolo (m) | ผักชีลา | pàk-chee-laa |
| cannella (f) | อบเชย | òp-choie |

| sesamo (m) | งา | ngaa |
| alloro (m) | ใบกระวาน | bai grà-waan |
| paprica (f) | พริกป่น | phrík bpòn |
| cumino (m) | เทียนตากบ | thian dtaa gòp |
| zafferano (m) | หญ้าฝรั่น | yâa fà-ràn |

# INFORMAZIONI PERSONALI. FAMIGLIA

## 58. Informazioni personali. Moduli

| | | |
|---|---|---|
| nome (m) | ชื่อ | chêu |
| cognome (m) | นามสกุล | naam sà-gun |
| data (f) di nascita | วันเกิด | wan gèrt |
| luogo (m) di nascita | สถานที่เกิด | sà-thǎan thêe gèrt |
| nazionalità (f) | สัญชาติ | sǎn-châat |
| domicilio (m) | ที่อยู่อาศัย | thêe yòo aa-sǎi |
| paese (m) | ประเทศ | bprà-thâyt |
| professione (f) | อาชีพ | aa-chêep |
| sesso (m) | เพศ | phâyt |
| statura (f) | ความสูง | khwaam sǒong |
| peso (m) | น้ำหนัก | nám nàk |

## 59. Membri della famiglia. Parenti

| | | |
|---|---|---|
| madre (f) | มารดา | maan-daa |
| padre (m) | บิดา | bì-daa |
| figlio (m) | ลูกชาย | lôok chaai |
| figlia (f) | ลูกสาว | lôok sǎao |
| figlia (f) minore | ลูกสาวคนเล็ก | lôok sǎao khon lék |
| figlio (m) minore | ลูกชายคนเล็ก | lôok chaai khon lék |
| figlia (f) maggiore | ลูกสาวคนโต | lôok sǎao khon dtoh |
| figlio (m) maggiore | ลูกชายคนโต | lôok chaai khon dtoh |
| fratello (m) maggiore | พี่ชาย | phêe chaai |
| fratello (m) minore | น้องชาย | nórng chaai |
| sorella (f) maggiore | พี่สาว | phêe sǎao |
| sorella (f) minore | น้องสาว | nórng sǎao |
| cugino (m) | ลูกพี่ลูกน้อง | lôok phêe lôok nórng |
| cugina (f) | ลูกพี่ลูกน้อง | lôok phêe lôok nórng |
| mamma (f) | แม่ | mâe |
| papà (m) | พ่อ | phôr |
| genitori (m pl) | พ่อแม่ | phôr mâe |
| bambino (m) | เด็ก, ลูก | dèk, lôok |
| bambini (m pl) | เด็กๆ | dèk dèk |
| nonna (f) | ย่า, ยาย | yâa, yaai |
| nonno (m) | ปู่, ตา | bpòo, dtaa |
| nipote (m) (figlio di un figlio) | หลานชาย | lǎan chaai |
| nipote (f) | หลานสาว | lǎan sǎao |

| | | |
|---|---|---|
| nipoti (pl) | หลานๆ | lăan |
| zio (m) | ลุง | lung |
| zia (f) | ป้า | bpâa |
| nipote (m) (figlio di un fratello) | หลานชาย | lăan chaai |
| nipote (f) | หลานสาว | lăan săao |

| | | |
|---|---|---|
| suocera (f) | แม่ยาย | mâe yaai |
| suocero (m) | พ่อสามี | phôr săa-mee |
| genero (m) | ลูกเขย | lôok khŏie |
| matrigna (f) | แม่เลี้ยง | mâe líang |
| patrigno (m) | พ่อเลี้ยง | phôr líang |

| | | |
|---|---|---|
| neonato (m) | ทารก | thaa-rók |
| infante (m) | เด็กเล็ก | dèk lék |
| bimbo (m), ragazzino (m) | เด็ก | dèk |

| | | |
|---|---|---|
| moglie (f) | ภรรยา | phan-rá-yaa |
| marito (m) | สามี | săa-mee |
| coniuge (m) | สามี | săa-mee |
| coniuge (f) | ภรรยา | phan-rá-yaa |

| | | |
|---|---|---|
| sposato (agg) | แต่งงานแล้ว | dtàeng ngaan láew |
| sposata (agg) | แต่งงานแล้ว | dtàeng ngaan láew |
| celibe (agg) | เป็นโสด | bpen sòht |
| scapolo (m) | ชายโสด | chaai sòht |
| divorziato (agg) | หย่าแล้ว | yàa láew |
| vedova (f) | แม่หม้าย | mâe mâai |
| vedovo (m) | พ่อหม้าย | phôr mâai |

| | | |
|---|---|---|
| parente (m) | ญาติ | yâat |
| parente (m) stretto | ญาติใกล้ชิด | yâat glâi chít |
| parente (m) lontano | ญาติห่างๆ | yâat hàang hàang |
| parenti (m pl) | ญาติๆ | yâat |

| | | |
|---|---|---|
| orfano (m) | เด็กชายกำพร้า | dèk chaai gam phráa |
| orfana (f) | เด็กหญิงกำพรา | dèk yĭng gam phráa |
| tutore (m) | ผู้ปกครอง | phôo bpòk khrorng |
| adottare (~ un bambino) | บุญธรรม | bun tham |
| adottare (~ una bambina) | บุญธรรม | bun tham |

## 60. Amici. Colleghi

| | | |
|---|---|---|
| amico (m) | เพื่อน | phêuan |
| amica (f) | เพื่อน | phêuan |
| amicizia (f) | มิตรภาพ | mít-dtrà-phâap |
| essere amici | เป็นเพื่อน | bpen phêuan |

| | | |
|---|---|---|
| amico (m) (inform.) | เพื่อนสนิท | phêuan sà-nìt |
| amica (f) (inform.) | เพื่อนสนิท | phêuan sà-nìt |
| partner (m) | หุ้นส่วน | hûn sùan |

| | | |
|---|---|---|
| capo (m) | หัวหน้า | hŭa-nâa |
| capo (m), superiore (m) | ผู้บังคับบัญชา | phôo bang-kháp ban-chaa |
| proprietario (m) | เจ้าของ | jâo khŏrng |

| | | |
|---|---|---|
| subordinato (m) | ลูกน้อง | lôok nórng |
| collega (m) | เพื่อนรวมงาน | phêuan rûam ngaan |
| conoscente (m) | ผู้คุ้นเคย | phôo khún khoie |
| compagno (m) di viaggio | เพื่อนร่วมทาง | pêuan rûam thaang |
| compagno (m) di classe | เพื่อนรุ่น | phêuan rûn |
| vicino (m) | เพื่อนบ้านผู้ชาย | phêuan bâan pôo chaai |
| vicina (f) | เพื่อนบ้านผู้หญิง | phêuan bâan phôo yǐng |
| vicini (m pl) | เพื่อนบ้าน | phêuan bâan |

# CORPO UMANO. MEDICINALI

## 61. Testa

| | | |
|---|---|---|
| testa (f) | หัว | hŭa |
| viso (m) | หน้า | nâa |
| naso (m) | จมูก | jà-mòok |
| bocca (f) | ปาก | bpàak |
| | | |
| occhio (m) | ตา | dtaa |
| occhi (m pl) | ตา | dtaa |
| pupilla (f) | รูม่านตา | roo mâan dtaa |
| sopracciglio (m) | คิ้ว | khíw |
| ciglio (m) | ขนตา | khŏn dtaa |
| palpebra (f) | เปลือกตา | bplèuak dtaa |
| | | |
| lingua (f) | ลิ้น | lín |
| dente (m) | ฟัน | fan |
| labbra (f pl) | ริมฝีปาก | rim fĕe bpàak |
| zigomi (m pl) | โหนกแก้ม | nòhk gâem |
| gengiva (f) | เหงือก | ngèuak |
| palato (m) | เพดานปาก | phay-daan bpàak |
| | | |
| narici (f pl) | รูจมูก | roo jà-mòok |
| mento (m) | คาง | khaang |
| mascella (f) | ขากรรไกร | khăa gan-grai |
| guancia (f) | แก้ม | gâem |
| | | |
| fronte (f) | หน้าผาก | nâa phàak |
| tempia (f) | ขมับ | khà-màp |
| orecchio (m) | หู | hŏo |
| nuca (f) | หลังศีรษะ | lăng sĕe-sà |
| collo (m) | คอ | khor |
| gola (f) | ลำคอ | lam khor |
| | | |
| capelli (m pl) | ผม | phŏm |
| pettinatura (f) | ทรงผม | song phŏm |
| taglio (m) | ทรงผม | song phŏm |
| parrucca (f) | ผมปลอม | phŏm bplorm |
| | | |
| baffi (m pl) | หนวด | nùat |
| barba (f) | เครา | krao |
| portare (~ la barba, ecc.) | ลองไว้ | lorng wái |
| treccia (f) | ผมเปีย | phŏm bpia |
| basette (f pl) | จอน | jorn |
| | | |
| rosso (agg) | ผมแดง | phŏm daeng |
| brizzolato (agg) | ผมหงอก | phŏm ngòrk |
| calvo (agg) | หัวล้าน | hŭa láan |
| calvizie (f) | หัวล้าน | hŭa láan |

65

| coda (f) di cavallo | ผมทรงหางม้า | phŏm song hăang máa |
| frangetta (f) | ผมม้า | phŏm máa |

## 62. Corpo umano

| mano (f) | มือ | meu |
| braccio (m) | แขน | khăen |

| dito (m) | นิ้ว | níw |
| dito (m) del piede | นิ้วเท้า | níw tháo |
| pollice (m) | นิ้วโป้ง | níw bpôhng |
| mignolo (m) | นิ้วก้อย | níw gôi |
| unghia (f) | เล็บ | lép |

| pugno (m) | กำปั้น | gam bpân |
| palmo (m) | ฝ่ามือ | fàa meu |
| polso (m) | ข้อมือ | khôr meu |
| avambraccio (m) | แขนช่วงล่าง | khăen chûang lâang |
| gomito (m) | ข้อศอก | khôr sòrk |
| spalla (f) | ไหล่ | lài |

| gamba (f) | ขา | khăa |
| pianta (f) del piede | เท้า | tháo |
| ginocchio (m) | หัวเข่า | hŭa khào |
| polpaccio (m) | น่อง | nôrng |
| anca (f) | สะโพก | sà-phôhk |
| tallone (m) | ส้นเท้า | sôn tháo |

| corpo (m) | ร่างกาย | râang gaai |
| pancia (f) | ท้อง | thórng |
| petto (m) | อก | òk |
| seno (m) | หน้าอก | nâa òk |
| fianco (m) | ข้าง | khâang |
| schiena (f) | หลัง | lăng |
| zona (f) lombare | หลังส่วนล่าง | lăng sùan lâang |
| vita (f) | เอว | eo |

| ombelico (m) | สะดือ | sà-deu |
| natiche (f pl) | ก้น | gôn |
| sedere (m) | ก้น | gôn |

| neo (m) | ไฝเสน่ห์ | făi sà-này |
| voglia (f) (~ di fragola) | ปาน | bpaan |
| tatuaggio (m) | รอยสัก | roi sàk |
| cicatrice (f) | แผลเป็น | phlăe bpen |

## 63. Malattie

| malattia (f) | โรค | rôhk |
| essere malato | ป่วย | bpùay |
| salute (f) | สุขภาพ | sùk-khà-phâap |
| raffreddore (m) | น้ำมูกไหล | nám môok lăi |

| | | |
|---|---|---|
| tonsillite (f) | ต่อมทอนซิลอักเสบ | dtòm thorn-sin àk-sàyp |
| raffreddore (m) | หวัด | wàt |
| raffreddarsi (vr) | เป็นหวัด | bpen wàt |
| | | |
| bronchite (f) | โรคหลอดลมอักเสบ | rôhk lòrt lom àk-sàyp |
| polmonite (f) | โรคปอดบวม | rôhk bpòrt-buam |
| influenza (f) | ไข้หวัดใหญ่ | khâi wàt yài |
| | | |
| miope (agg) | สายตาสั้น | săai dtaa sân |
| presbite (agg) | สายตายาว | săai dtaa yaao |
| strabismo (m) | ตาเหล่ | dtaa lày |
| strabico (agg) | เป็นตาเหล่ | bpen dtaa kăy rĕu lày |
| cateratta (f) | ต้อกระจก | dtôr grà-jòk |
| glaucoma (m) | ต้อหิน | dtôr hĭn |
| | | |
| ictus (m) cerebrale | โรคหลอดเลือดสมอง | rôhk lòrt lêuat sà-mŏrng |
| attacco (m) di cuore | อาการหัวใจวาย | aa-gaan hŭa jai waai |
| infarto (m) miocardico | กล้ามเนื้อหัวใจตาย | glâam néua hŭa jai dtaai |
| | เหตุขาดเลือด | hàyt khàat lêuat |
| paralisi (f) | อัมพาต | am-má-phâat |
| paralizzare (vt) | ทำให้เป็นอัมพาต | tham hâi bpen am-má-phâat |
| | | |
| allergia (f) | ภูมิแพ้ | phoom pháe |
| asma (f) | โรคหืด | rôhk hèut |
| diabete (m) | โรคเบาหวาน | rôhk bao wăan |
| | | |
| mal (m) di denti | อาการปวดฟัน | aa-gaan bpùat fan |
| carie (f) | ฟันผุ | fan phù |
| | | |
| diarrea (f) | อาการท้องเสีย | aa-gaan thórng sĭa |
| stitichezza (f) | อาการท้องผูก | aa-gaan thórng phòok |
| disturbo (m) gastrico | อาการปวดท้อง | aa-gaan bpùat thórng |
| intossicazione (f) alimentare | ภาวะอาหารเป็นพิษ | phaa-wá aa hăan bpen pít |
| intossicarsi (vr) | กินอาหารเป็นพิษ | gin aa hăan bpen phít |
| | | |
| artrite (f) | โรคข้ออักเสบ | rôhk khôr àk-sàyp |
| rachitide (f) | โรคกระดูกอ่อน | rôhk grà-dòok òrn |
| reumatismo (m) | โรครูมาติก | rôhk roo-maa-dtìk |
| aterosclerosi (f) | ภาวะหลอดเลือดแข็ง | phaa-wá lòrt lêuat khăeng |
| | | |
| gastrite (f) | โรคกระเพาะอาหาร | rôhk grà-phór aa-hăan |
| appendicite (f) | ไส้ติ่งอักเสบ | sâi dtìng àk-sàyp |
| colecistite (f) | โรคถุงน้ำดีอักเสบ | rôhk thŭng nám dee àk-sàyp |
| ulcera (f) | แผลเปื่อย | phlăe bpèuay |
| | | |
| morbillo (m) | โรคหัด | rôhk hàt |
| rosolia (f) | โรคหัดเยอรมัน | rôhk hàt yer-rá-man |
| itterizia (f) | โรคดีซ่าน | rôhk dee sâan |
| epatite (f) | โรคตับอักเสบ | rôhk dtàp àk-sàyp |
| | | |
| schizofrenia (f) | โรคจิตเภท | rôhk jìt-dtà-phâyt |
| rabbia (f) | โรคพิษสุนัขบ้า | rôhk phít sù-nák bâa |
| nevrosi (f) | โรคประสาท | rôhk bprà-sàat |
| commozione (f) cerebrale | สมองกระทบ | sà-mŏrng grà-thóp |
| | กระเทือน | grà-theuan |
| cancro (m) | มะเร็ง | má-reng |

| sclerosi (f) | กวรแข็งตัวของ เนื้อเยื่อรางกาย | gaan kăeng dtua kŏng néua yêua râang gaai |
| sclerosi (f) multipla | โรคปลอกประสาท เสื่อมแข็ง | rôhk bplòk bprà-sàat sèuam kăeng |

| alcolismo (m) | โรคพิษสุราเรื้อรัง | rôhk phít sù-raa réua rang |
| alcolizzato (m) | คนขี้เหลา | khon khêe lâo |
| sifilide (f) | โรคซิฟิลิส | rôhk sí-fí-lít |
| AIDS (m) | โรคเอดส | rôhk àyt |

| tumore (m) | เนื้องอก | néua ngôk |
| maligno (agg) | ราย | ráai |
| benigno (agg) | ไมราย | mâi ráai |

| febbre (f) | ไข้ | khâi |
| malaria (f) | ไขมาลาเรีย | kâi maa-laa-ria |
| cancrena (f) | เนื้อตายเนา | néua dtaai nâo |
| mal (m) di mare | ภาวะเมาคลื่น | phaa-wá mao khlêun |
| epilessia (f) | โรคลมบาหมู | rôhk lom bâa-mŏo |

| epidemia (f) | โรคระบาด | rôhk rá-bàat |
| tifo (m) | โรครากสาดใหญ่ | rôhk râak-sàat yài |
| tubercolosi (f) | วัณโรค | wan-ná-rôhk |
| colera (m) | อหิวาตกโรค | a-hì-wâat-gà-rôhk |
| peste (f) | กาฬโรค | gaan-lá-rôhk |

## 64. Sintomi. Cure. Parte 1

| sintomo (m) | อาการ | aa-gaan |
| temperatura (f) | อุณหภูมิ | un-hà-phoom |
| febbre (f) alta | อุณหภูมิสูง | un-hà-phoom sŏong |
| polso (m) | ชีพจร | chêep-phá-jon |

| capogiro (m) | อาการเวียนหัว | aa-gaan wian hŭa |
| caldo (agg) | รอน | rórn |
| brivido (m) | หนาวสั่น | năao sàn |
| pallido (un viso ~) | หนาเชียว | nâa sieow |

| tosse (f) | การไอ | gaan ai |
| tossire (vi) | ไอ | ai |
| starnutire (vi) | จาม | jaam |
| svenimento (m) | การเป็นลม | gaan bpen lom |
| svenire (vi) | เป็นลม | bpen lom |

| livido (m) | ฟกช้ำ | fók chám |
| bernoccolo (m) | บวม | buam |
| farsi un livido | ชน | chon |
| contusione (f) | รอยฟกช้ำ | roi fók chám |
| farsi male | ไดรอยช้ำ | dâai roi chám |

| zoppicare (vi) | กะโผลกกะเผลก | gà-phlòhk-gà-phlàyk |
| slogatura (f) | ขอหลุด | khôr lùt |
| slogarsi (vr) | ทำขอหลุด | tham khôr lùt |
| frattura (f) | กระดูกหัก | grà-dòok hàk |

| | | |
|---|---|---|
| fratturarsi (vr) | หักกระดูก | hàk grà-dòok |
| taglio (m) | รอยบาด | roi bàat |
| tagliarsi (vr) | ทำบาด | tham bàat |
| emorragia (f) | การเลือดไหล | gaan lêuat lăi |
| | | |
| scottatura (f) | แผลไฟไหม้ | phlăe fai mâi |
| scottarsi (vr) | ได้รับแผลไฟไหม้ | dâai ráp phlăe fai mâi |
| | | |
| pungere (vt) | ตำ | dtam |
| pungersi (vr) | ตำตัวเอง | dtam dtua ayng |
| ferire (vt) | ทำให้บาดเจ็บ | tham hâi bàat jèp |
| ferita (f) | การบาดเจ็บ | gaan bàat jèp |
| lesione (f) | แผล | phlăe |
| trauma (m) | แผลบาดเจ็บ | phlăe bàat jèp |
| | | |
| delirare (vi) | คลุ้มคลั่ง | khlúm khlâng |
| tartagliare (vi) | พูดตะกุกตะกัก | phôot dtà-gùk-dtà-gàk |
| colpo (m) di sole | โรคลมแดด | rôhk lom dàet |

## 65. Sintomi. Cure. Parte 2

| | | |
|---|---|---|
| dolore (m), male (m) | ความเจ็บปวด | khwaam jèp bpùat |
| scheggia (f) | เสี้ยน | sîan |
| | | |
| sudore (m) | เหงื่อ | ngèua |
| sudare (vi) | เหงื่อออก | ngèua òrk |
| vomito (m) | การอาเจียน | gaan aa-jian |
| convulsioni (f pl) | การชัก | gaan chák |
| | | |
| incinta (agg) | ตั้งครรภ์ | dtâng khan |
| nascere (vi) | เกิด | gèrt |
| parto (m) | การคลอด | gaan khlôrt |
| essere in travaglio di parto | คลอดบุตร | khlôrt bùt |
| aborto (m) | การแท้งบุตร | gaan tháeng bùt |
| | | |
| respirazione (f) | การหายใจ | gaan hăai-jai |
| inspirazione (f) | การหายใจเข้า | gaan hăai-jai khâo |
| espirazione (f) | การหายใจออก | gaan hăai-jai òrk |
| espirare (vi) | หายใจออก | hăai-jai òrk |
| inspirare (vi) | หายใจเข้า | hăai-jai khâo |
| | | |
| invalido (m) | คนพิการ | khon phí-gaan |
| storpio (m) | พิการ | phí-gaan |
| drogato (m) | ผู้ติดยาเสพติด | phôo dtìt yaa-sàyp-dtìt |
| | | |
| sordo (agg) | หูหนวก | hŏo nùak |
| muto (agg) | เป็นใบ้ | bpen bâi |
| sordomuto (agg) | หูหนวกเป็นใบ้ | hŏo nùak bpen bâi |
| | | |
| matto (agg) | บ้า | bâa |
| matto (m) | คนบ้า | khon bâa |
| matta (f) | คนบ้า | khon bâa |
| impazzire (vi) | เสียสติ | sĭa sà-dtì |
| gene (m) | ยีน | yeun |

| | | |
|---|---|---|
| immunità (f) | ภูมิคุ้มกัน | phoom khúm gan |
| ereditario (agg) | เป็นกรรมพันธุ์ | bpen gam-má-phan |
| innato (agg) | แต่กำเนิด | dtàe gam-nèrt |
| virus (m) | เชื้อไวรัส | chéua wai-rát |
| microbo (m) | จุลินทรีย์ | jù-lin-see |
| batterio (m) | แบคทีเรีย | bàek-tee-ria |
| infezione (f) | การติดเชื้อ | gaan dtìt chéua |

## 66.  Sintomi. Cure. Parte 3

| | | |
|---|---|---|
| ospedale (m) | โรงพยาบาล | rohng phá-yaa-baan |
| paziente (m) | ผู้ป่วย | phôo bpùay |
| diagnosi (f) | การวินิจฉัยโรค | gaan wí-nít-chǎi rôhk |
| cura (f) | การรักษา | gaan rák-sǎa |
| trattamento (m) | การรักษา ทางการแพทย์ | gaan rák-sǎa thaang gaan phâet |
| curarsi (vr) | รับการรักษา | ráp gaan rák-sǎa |
| curare (vt) | รักษา | rák-sǎa |
| accudire (un malato) | รักษา | rák-sǎa |
| assistenza (f) | การดูแลรักษา | gaan doo lae rák-sǎa |
| operazione (f) | การผ่าตัด | gaan phàa dtàt |
| bendare (vt) | พันแผล | phan phlǎe |
| fasciatura (f) | การพันแผล | gaan phan phlǎe |
| vaccinazione (f) | การฉีดวัคซีน | gaan chèet wák-seen |
| vaccinare (vt) | ฉีดวัคซีน | chèet wák-seen |
| iniezione (f) | การฉีดยา | gaan chèet yaa |
| fare una puntura | ฉีดยา | chèet yaa |
| attacco (m) (~ epilettico) | มีอาการเฉียบพลัน | mee aa-gaan chìap phlan |
| amputazione (f) | การตัดอวัยวะออก | gaan dtàt a-wai-wá òrk |
| amputare (vt) | ตัด | dtàt |
| coma (m) | อาการโคม่า | aa-gaan khoh-mâa |
| essere in coma | อยู่ในอาการโคม่า | yòo nai aa-gaan khoh-mâa |
| rianimazione (f) | หน่วยอภิบาล | nùay à-phí-baan |
| guarire (vi) | ฟื้นตัว | féun dtua |
| stato (f) (del paziente) | อาการ | aa-gaan |
| conoscenza (f) | สติสัมปชัญญะ | sà-dtì sǎm-bpà-chan-yá |
| memoria (f) | ความทรงจำ | khwaam song jam |
| estrarre (~ un dente) | ถอน | thǒrn |
| otturazione (f) | การอุด | gaan ùt |
| otturare (vt) | อุด | ùt |
| ipnosi (f) | การสะกดจิต | gaan sà-gòt jìt |
| ipnotizzare (vt) | สะกดจิต | sà-gòt jìt |

## 67. Medicinali. Farmaci. Accessori

| | | |
|---|---|---|
| medicina (f) | ยา | yaa |
| rimedio (m) | ยา | yaa |
| prescrivere (vt) | จ่ายยา | jàai yaa |
| prescrizione (f) | ใบสั่งยา | bai sàng yaa |
| | | |
| compressa (f) | ยาเม็ด | yaa mét |
| unguento (m) | ยาทา | yaa thaa |
| fiala (f) | หลอดยา | lòrt yaa |
| pozione (f) | ยาส่วนผสม | yaa sùan phà-sǒm |
| sciroppo (m) | น้ำเชื่อม | nám chêuam |
| pillola (f) | ยาเม็ด | yaa mét |
| polverina (f) | ยาผง | yaa phǒng |
| | | |
| benda (f) | ผ้าพันแผล | phâa phan phlǎe |
| ovatta (f) | สำลี | sǎm-lee |
| iodio (m) | ไอโอดีน | ai oh-deen |
| | | |
| cerotto (m) | พลาสเตอร์ | phláat-dtêr |
| contagocce (m) | ที่หยอดตา | thêe yòrt dtaa |
| termometro (m) | ปรอท | bpa -ròrt |
| siringa (f) | เข็มฉีดยา | khěm chèet-yaa |
| | | |
| sedia (f) a rotelle | รถเข็นคนพิการ | rót khěn khon phí-gaan |
| stampelle (f pl) | ไม้ค้ำยัน | máai khám yan |
| | | |
| analgesico (m) | ยาแก้ปวด | yaa gâe bpùat |
| lassativo (m) | ยาระบาย | yaa rá-baai |
| alcol (m) | เอธานอล | ay-thaa-norn |
| erba (f) officinale | สมุนไพร ทางการแพทย์ | sà-mǔn phrai thaang gaan phâet |
| d'erbe (infuso ~) | สมุนไพร | sà-mǔn phrai |

# APPARTAMENTO

## 68. Appartamento

| | | |
|---|---|---|
| appartamento (m) | อพาร์ตเมนต์ | a-phâat-mayn |
| camera (f), stanza (f) | ห้อง | hôrng |
| camera (f) da letto | ห้องนอน | hôrng norn |
| sala (f) da pranzo | ห้องรับประทาน อาหาร | hôrng ráp bprà-thaan aa-hǎan |
| salotto (m) | ห้องนั่งเล่น | hôrng nâng lên |
| studio (m) | ห้องทำงาน | hôrng tham ngaan |
| ingresso (m) | ห้องเข้า | hôrng khâo |
| bagno (m) | ห้องน้ำ | hôrng náam |
| gabinetto (m) | ห้องส้วม | hôrng sûam |
| soffitto (m) | เพดาน | phay-daan |
| pavimento (m) | พื้น | phéun |
| angolo (m) | มุม | mum |

## 69. Arredamento. Interno

| | | |
|---|---|---|
| mobili (m pl) | เครื่องเรือน | khrêuang reuan |
| tavolo (m) | โต๊ะ | dtó |
| sedia (f) | เก้าอี้ | gâo-êe |
| letto (m) | เตียง | dtiang |
| divano (m) | โซฟา | soh-faa |
| poltrona (f) | เก้าอี้เท้าแขน | gâo-êe tháo khǎen |
| libreria (f) | ตู้หนังสือ | dtôo nǎng-sěu |
| ripiano (m) | ชั้นวาง | chán waang |
| armadio (m) | ตู้เสื้อผ้า | dtôo sêua phâa |
| attaccapanni (m) da parete | ที่แขวนเสื้อ | thêe khwǎen sêua |
| appendiabiti (m) da terra | ไม้แขวนเสื้อ | mái khwǎen sêua |
| comò (m) | ตู้ลิ้นชัก | dtôo lín chák |
| tavolino (m) da salotto | โต๊ะกาแฟ | dtó gaa-fae |
| specchio (m) | กระจก | grà-jòk |
| tappeto (m) | พรม | phrom |
| tappetino (m) | พรมเช็ดเท้า | phrom chét tháo |
| camino (m) | เตาผิง | dtao phǐng |
| candela (f) | เทียน | thian |
| candeliere (m) | เชิงเทียน | cherng thian |
| tende (f pl) | ผ้าแขวน | phâa khwǎen |
| carta (f) da parati | วอลเปเปอร์ | worn-bpay-bper |

| | | |
|---|---|---|
| tende (f pl) alla veneziana | บานเกล็ดหน้าต่าง | baan glèt nâa dtàang |
| lampada (f) da tavolo | โคมไฟตั้งโต๊ะ | khohm fai dtâng dtó |
| lampada (f) da parete | ไฟติดผนัง | fai dtìt phà-năng |
| lampada (f) a stelo | โคมไฟตั้งพื้น | khohm fai dtâng phéun |
| lampadario (m) | โคมระย้า | khohm rá-yáa |
| | | |
| gamba (f) | ขา | khăa |
| bracciolo (m) | ที่พักแขน | thêe phák khăen |
| spalliera (f) | พนักพิง | phá-nák phing |
| cassetto (m) | ลิ้นชัก | lín chák |

## 70. Biancheria da letto

| | | |
|---|---|---|
| biancheria (f) da letto | ชุดผ้าปูที่นอน | chút phâa bpoo thêe norn |
| cuscino (m) | หมอน | mŏrn |
| federa (f) | ปลอกหมอน | bplòk mŏrn |
| coperta (f) | ผ้าห่วย | phâa phŭay |
| lenzuolo (m) | ผ้าปู | phâa bpoo |
| copriletto (m) | ผาคลุมเตียง | phâa khlum dtiang |

## 71. Cucina

| | | |
|---|---|---|
| cucina (f) | ห้องครัว | hôrng khrua |
| gas (m) | แกส | gáet |
| fornello (m) a gas | เตาแก๊ส | dtao gàet |
| fornello (m) elettrico | เตาไฟฟ้า | dtao fai-fáa |
| forno (m) | เตาอบ | dtao òp |
| forno (m) a microonde | เตาอบไมโครเวฟ | dtao òp mai-khroh-we p |
| | | |
| frigorifero (m) | ตู้เย็น | dtôo yen |
| congelatore (m) | ตูแช่แข็ง | dtôo châe khăeng |
| lavastoviglie (f) | เครื่องล้างจาน | khrêuang láang jaan |
| | | |
| tritacarne (m) | เครื่องบดเนื้อ | khrêuang bòt néua |
| spremifrutta (m) | เครื่องคั้นน้ำผลไม | khrêuang khán náam phŏn-lá-mái |
| tostapane (m) | เครื่องปิ้งขนมปัง | khrêuang bpîng khà-nŏm bpang |
| mixer (m) | เครื่องปั่น | khrêuang bpàn |
| | | |
| macchina (f) da caffè | เครื่องชงกาแฟ | khrêuang chong gaa-fae |
| caffettiera (f) | หมอกาแฟ | môr gaa-fae |
| macinacaffè (m) | เครื่องบดกาแฟ | khrêuang bòt gaa-fae |
| | | |
| bollitore (m) | กาน้ำ | gaa náam |
| teiera (f) | กาน้ำชา | gaa náam chaa |
| coperchio (m) | ฝา | făa |
| colino (m) da tè | ที่กรองชา | thêe grorng chaa |
| | | |
| cucchiaio (m) | ช้อน | chórn |
| cucchiaino (m) da tè | ช้อนชา | chórn chaa |
| cucchiaio (m) | ช้อนซุป | chórn súp |

| | | |
|---|---|---|
| forchetta (f) | ส้อม | sôrm |
| coltello (m) | มีด | mêet |
| | | |
| stoviglie (f pl) | ถ้วยชาม | thûay chaam |
| piatto (m) | จาน | jaan |
| piattino (m) | จานรอง | jaan rorng |
| | | |
| cicchetto (m) | แก้วช็อต | gâew chórt |
| bicchiere (m) (~ d'acqua) | แก้ว | gâew |
| tazzina (f) | ถ้วย | thûay |
| | | |
| zuccheriera (f) | โถน้ำตาล | thŏh náam dtaan |
| saliera (f) | กระปุกเกลือ | grà-bpùk gleua |
| pepiera (f) | กระปุกพริกไทย | grà-bpùk phrík thai |
| burriera (f) | ที่ใส่เนย | thêe sài noie |
| | | |
| pentola (f) | หม้อต้ม | môr dtôm |
| padella (f) | กระทะ | grà-thá |
| mestolo (m) | กระบวย | grà-buay |
| colapasta (m) | กระชอน | grà chorn |
| vassoio (m) | ถาด | thàat |
| | | |
| bottiglia (f) | ขวด | khùat |
| barattolo (m) di vetro | ขวดโหล | khùat lŏh |
| latta, lattina (f) | กระป๋อง | grà-bpŏrng |
| | | |
| apribottiglie (m) | ที่เปิดขวด | thêe bpèrt khùat |
| apriscatole (m) | ที่เปิดกระป๋อง | thêe bpèrt grà-bpŏrng |
| cavatappi (m) | ที่เปิดจุก | thêe bpèrt jùk |
| filtro (m) | ที่กรอง | thêe grorng |
| filtrare (vt) | กรอง | grorng |
| | | |
| spazzatura (f) | ขยะ | khà-yà |
| pattumiera (f) | ถังขยะ | thăng khà-yà |

## 72. Bagno

| | | |
|---|---|---|
| bagno (m) | ห้องน้ำ | hôrng náam |
| acqua (f) | น้ำ | nám |
| rubinetto (m) | ก๊อกน้ำ | gòk náam |
| acqua (f) calda | น้ำร้อน | nám rórn |
| acqua (f) fredda | น้ำเย็น | nám yen |
| | | |
| dentifricio (m) | ยาสีฟัน | yaa sĕe fan |
| lavarsi i denti | แปรงฟัน | bpraeng fan |
| spazzolino (m) da denti | แปรงสีฟัน | bpraeng sĕe fan |
| | | |
| rasarsi (vr) | โกน | gohn |
| schiuma (f) da barba | โฟมโกนหนวด | fohm gohn nùat |
| rasoio (m) | มีดโกน | mêet gohn |
| | | |
| lavare (vt) | ล้าง | láang |
| fare un bagno | อาบ | àap |
| doccia (f) | ฝักบัว | fàk bua |

| | | |
|---|---|---|
| fare una doccia | อาบน้ำฝักบัว | àap náam fàk bua |
| vasca (f) da bagno | อ่างอาบน้ำ | àang àap náam |
| water (m) | โถชักโครก | thŏh chák khrôhk |
| lavandino (m) | อ่างล้างหน้า | àang láang-nâa |

| | | |
|---|---|---|
| sapone (m) | สบู่ | sà-bòo |
| porta (m) sapone | ที่ใส่สบู่ | thêe sài sà-bòo |

| | | |
|---|---|---|
| spugna (f) | ฟองน้ำ | forng náam |
| shampoo (m) | แชมพู | chaem-phoo |
| asciugamano (m) | ผ้าเช็ดตัว | phâa chét dtua |
| accappatoio (m) | เสื้อคลุมอาบน้ำ | sêua khlum àap náam |

| | | |
|---|---|---|
| bucato (m) | การซักผ้า | gaan sák phâa |
| lavatrice (f) | เครื่องซักผ้า | khrêuang sák phâa |
| fare il bucato | ซักผ้า | sák phâa |
| detersivo (m) per il bucato | ผงซักฟอก | phŏng sák-fôrk |

## 73. Elettrodomestici

| | | |
|---|---|---|
| televisore (m) | ทีวี | thee-wee |
| registratore (m) a nastro | เครื่องบันทึกเทป | khrêuang ban-théuk thâyp |
| videoregistratore (m) | เครื่องบันทึกวิดีโอ | khrêuang ban-théuk wí-dee-oh |
| radio (f) | วิทยุ | wít-thá-yú |
| lettore (m) | เครื่องเล่น | khrêuang lên |

| | | |
|---|---|---|
| videoproiettore (m) | โปรเจ็คเตอร์ | bproh-jèk-dtêr |
| home cinema (m) | เครื่องฉายภาพยนตร์ที่บ้าน | khhrêuang chǎai phâap-phá yon thêe bâan |
| lettore (m) DVD | เครื่องเล่น DVD | khrêuang lên dee-wee-dee |
| amplificatore (m) | เครื่องขยายเสียง | khrêuang khà-yǎai sǐang |
| console (f) video giochi | เครื่องเกมคอนโซล | khrêuang gaym khorn sohn |

| | | |
|---|---|---|
| videocamera (f) | กล้องถ่ายวิดีโอ | glôrng thàai wí-dee-oh |
| macchina (f) fotografica | กล้องถ่ายรูป | glôrng thàai rôop |
| fotocamera (f) digitale | กล้องดิจิตอล | glôrng dì-jì-dton |

| | | |
|---|---|---|
| aspirapolvere (m) | เครื่องดูดฝุ่น | khrêuang dòot fùn |
| ferro (m) da stiro | เตารีด | dtao rêet |
| asse (f) da stiro | กระดานรองรีด | grà-daan rorng rêet |

| | | |
|---|---|---|
| telefono (m) | โทรศัพท์ | thoh-rá-sàp |
| telefonino (m) | มือถือ | meu thěu |
| macchina (f) da scrivere | เครื่องพิมพ์ดีด | khrêuang phim dèet |
| macchina (f) da cucire | จักรเย็บผ้า | jàk yép phâa |

| | | |
|---|---|---|
| microfono (m) | ไมโครโฟน | mai-khroh-fohn |
| cuffia (f) | หูฟัง | hǒo fang |
| telecomando (m) | รีโมตทีวี | ree môht thee wee |

| | | |
|---|---|---|
| CD (m) | CD | see-dee |
| cassetta (f) | เทป | thâyp |
| disco (m) (vinile) | จานเสียง | jaan sǐang |

# LA TERRA. TEMPO

## 74. L'Universo

| | | |
|---|---|---|
| cosmo (m) | อวกาศ | a-wá-gàat |
| cosmico, spaziale (agg) | ทางอวกาศ | thang a-wá-gàat |
| spazio (m) cosmico | อวกาศ | a-wá-gàat |
| mondo (m) | โลก | lôhk |
| universo (m) | จักรวาล | jàk-grà-waan |
| galassia (f) | ดาราจักร | daa-raa jàk |
| stella (f) | ดาว | daao |
| costellazione (f) | กลุ่มดาว | glùm daao |
| pianeta (m) | ดาวเคราะห์ | daao khrór |
| satellite (m) | ดาวเทียม | daao thiam |
| meteorite (m) | ดาวตก | daao dtòk |
| cometa (f) | ดาวหาง | daao hăang |
| asteroide (m) | ดาวเคราะห์น้อย | daao khrór nói |
| orbita (f) | วงโคจร | wong khoh-jon |
| ruotare (vi) | เวียน | wian |
| atmosfera (f) | บรรยากาศ | ban-yaa-gàat |
| il Sole | ดวงอาทิตย์ | duang aa-thít |
| sistema (m) solare | ระบบสุริยะ | rá-bòp sù-rí-yá |
| eclisse (f) solare | สุริยุปราคา | sù-rí-yú-bpà-raa-kaa |
| la Terra | โลก | lôhk |
| la Luna | ดวงจันทร์ | duang jan |
| Marte (m) | ดาวอังคาร | daao ang-khaan |
| Venere (f) | ดาวศุกร์ | daao sùk |
| Giove (m) | ดาวพฤหัส | daao phá-réu-hàt |
| Saturno (m) | ดาวเสาร์ | daao săo |
| Mercurio (m) | ดาวพุธ | daao phút |
| Urano (m) | ดาวยูเรนัส | daao-yoo-ray-nát |
| Nettuno (m) | ดาวเนปจูน | daao-nâyp-joon |
| Plutone (m) | ดาวพลูโต | daao phloo-dtoh |
| Via (f) Lattea | ทางช้างเผือก | thaang cháang phèuak |
| Orsa (f) Maggiore | กลุ่มดาวหมีใหญ่ | glùm daao mĕe yài |
| Stella (f) Polare | ดาวเหนือ | daao nĕua |
| marziano (m) | ชาวดาวอังคาร | chaao daao ang-khaan |
| extraterrestre (m) | มนุษย์ต่างดาว | má-nút dtàang daao |
| alieno (m) | มนุษย์ต่างดาว | má-nút dtàang daao |

| | | |
|---|---|---|
| disco (m) volante | จานบิน | jaan bin |
| nave (f) spaziale | ยานอวกาศ | yaan a-wá-gàat |
| stazione (f) spaziale | สถานีอวกาศ | sà-thǎa-nee a-wá-gàat |
| lancio (m) | การปล่อยจรวด | gaan bplòi jà-rùat |
| | | |
| motore (m) | เครื่องยนต์ | khrêuang yon |
| ugello (m) | ท่อไอพ่น | thôr ai phôn |
| combustibile (m) | เชื้อเพลิง | chéua phlerng |
| | | |
| cabina (f) di pilotaggio | ที่นั่งคนขับ | thêe nâng khon khàp |
| antenna (f) | เสาอากาศ | sǎo aa-gàat |
| oblò (m) | ช่อง | chôrng |
| batteria (f) solare | อุปกรณ์พลังงาน<br>แสงอาทิตย์ | ù-bpà-gon phá-lang ngaan<br>sǎeng aa-thít |
| scafandro (m) | ชุดอวกาศ | chút a-wá-gàat |
| | | |
| imponderabilità (f) | สภาพไร้น้ำหนัก | sà-phâap rái nám nàk |
| ossigeno (m) | อ็อกซิเจน | ók sí jayn |
| | | |
| aggancio (m) | การเทียบท่า | gaan thîap thâa |
| agganciarsi (vr) | เทียบทา | thîap thâa |
| | | |
| osservatorio (m) | หอดูดาว | hǒr doo daao |
| telescopio (m) | กล้องโทรทรรศน์ | glôrng thoh-rá-thát |
| osservare (vt) | เฝ้าสังเกต | fâo sǎng-gàyt |
| esplorare (vt) | สำรวจ | sǎm-rùat |

## 75. La Terra

| | | |
|---|---|---|
| la Terra | โลก | lôhk |
| globo (m) terrestre | ลูกโลก | lôok lôhk |
| pianeta (m) | ดาวเคราะห์ | daao khrór |
| | | |
| atmosfera (f) | บรรยากาศ | ban-yaa-gàat |
| geografia (f) | ภูมิศาสตร์ | phoo-mí-sàat |
| natura (f) | ธรรมชาติ | tham-má-châat |
| | | |
| mappamondo (m) | ลูกโลก | lôok lôhk |
| carta (f) geografica | แผนที่ | phǎen thêe |
| atlante (m) | หนังสือแผนที่โลก | nǎng-sěu phǎen thêe lôhk |
| | | |
| Europa (f) | ยุโรป | yú-ròhp |
| Asia (f) | เอเชีย | ay-chia |
| | | |
| Africa (f) | แอฟริกา | àef-rí-gaa |
| Australia (f) | ออสเตรเลีย | òrt-dtray-lia |
| | | |
| America (f) | อเมริกา | a-may-rí-gaa |
| America (f) del Nord | อเมริกาเหนือ | a-may-rí-gaa něua |
| America (f) del Sud | อเมริกาใต้ | a-may-rí-gaa dtâi |
| | | |
| Antartide (f) | แอนตาร์กติกา | aen-dtàak-dtì-gaa |
| Artico (m) | อาร์กติค | àak-dtìk |

## 76. Punti cardinali

| | | |
|---|---|---|
| nord (m) | เหนือ | něua |
| a nord | ทิศเหนือ | thít něua |
| al nord | ที่ภาคเหนือ | thêe phâak něua |
| del nord (agg) | ทางเหนือ | thaang něua |
| | | |
| sud (m) | ใต้ | dtâi |
| a sud | ทิศใต้ | thít dtâi |
| al sud | ที่ภาคใต้ | thêe phâak dtâi |
| del sud (agg) | ทางใต้ | thaang dtâi |
| | | |
| ovest (m) | ตะวันตก | dtà-wan dtòk |
| a ovest | ทิศตะวันตก | thít dtà-wan dtòk |
| all'ovest | ที่ภาคตะวันตก | thêe phâak dtà-wan dtòk |
| dell'ovest, occidentale | ทางตะวันตก | thaang dtà-wan dtòk |
| | | |
| est (m) | ตะวันออก | dtà-wan òrk |
| a est | ทิศตะวันออก | thít dtà-wan òrk |
| all'est | ที่ภาคตะวันออก | thêe phâak dtà-wan òrk |
| dell'est, orientale | ทางตะวันออก | thaang dtà-wan òrk |

## 77. Mare. Oceano

| | | |
|---|---|---|
| mare (m) | ทะเล | thá-lay |
| oceano (m) | มุหาสมุทร | má-hǎa sà-mùt |
| golfo (m) | อ่าว | àao |
| stretto (m) | ช่องแคบ | chǒrng khâep |
| | | |
| terra (f) (terra firma) | พื้นดิน | phéun din |
| continente (m) | ทวีป | thá-wêep |
| | | |
| isola (f) | เกาะ | gòr |
| penisola (f) | คาบสมุทร | khâap sà-mùt |
| arcipelago (m) | หมู่เกาะ | mòo gòr |
| | | |
| baia (f) | อ่าว | àao |
| porto (m) | ท่าเรือ | thâa reua |
| laguna (f) | ลากูน | laa-goon |
| capo (m) | แหลม | lǎem |
| | | |
| atollo (m) | อะทอลล์ | à-thorn |
| scogliera (f) | แนวปะการัง | naew bpà-gaa-rang |
| corallo (m) | ปะการัง | bpà gaa-rang |
| barriera (f) corallina | แนวปะการัง | naew bpà-gaa-rang |
| | | |
| profondo (agg) | ลึก | léuk |
| profondità (f) | ความลึก | khwaam léuk |
| abisso (m) | หุบเหวลึก | hùp wǎy léuk |
| fossa (f) (~ delle Marianne) | ร่องลึกก้นสมุทร | rôrng léuk gôn sà-mùt |
| | | |
| corrente (f) | กระแสน้ำ | grà-sǎe náam |
| circondare (vt) | ล้อมรอบ | lórm rôrp |

| litorale (m) | ชายฝั่ง | chaai fàng |
|---|---|---|
| costa (f) | ชายฝั่ง | chaai fàng |

| alta marea (f) | น้ำขึ้น | náam khêun |
|---|---|---|
| bassa marea (f) | น้ำลง | náam long |
| banco (m) di sabbia | หาดตื้น | hàat dtêun |
| fondo (m) | กนทะเล | gôn thá-lay |

| onda (f) | คลื่น | khlêun |
|---|---|---|
| cresta (f) dell'onda | มวนคลื่น | múan khlêun |
| schiuma (f) | ฟองคลื่น | forng khlêun |

| tempesta (f) | พายุ | phaa-yú |
|---|---|---|
| uragano (m) | พายุเฮอร์ริเคน | phaa-yú her-rí-khayn |
| tsunami (m) | คลื่นยักษ์ | khlêun yák |
| bonaccia (f) | ภาวะไร้ลมพัด | phaa-wá rái lom phát |
| tranquillo (agg) | สงบ | sà-ngòp |

| polo (m) | ขั้วโลก | khûa lôhk |
|---|---|---|
| polare (agg) | ขั้วโลก | khûa lôhk |

| latitudine (f) | เส้นรุ้ง | sên rúng |
|---|---|---|
| longitudine (f) | เสนแวง | sên waeng |
| parallelo (m) | เสนขนาน | sên khà-nǎan |
| equatore (m) | เสนศูนย์สูตร | sên sǒon sòot |

| cielo (m) | ท้องฟ้า | thórng fáa |
|---|---|---|
| orizzonte (m) | ขอบฟ้า | khòrp fáa |
| aria (f) | อากาศ | aa-gàat |

| faro (m) | ประภาคาร | bprà-phaa-khaan |
|---|---|---|
| tuffarsi (vr) | ดำ | dam |
| affondare (andare a fondo) | จม | jom |
| tesori (m) | สมบัติ | sǒm-bàt |

## 78. Nomi dei mari e degli oceani

| Oceano (m) Atlantico | มหาสมุทรแอตแลนติก | má-hǎa sà-mùt àet-laen-dtìk |
|---|---|---|
| Oceano (m) Indiano | มหาสมุทรอินเดีย | má-hǎa sà-mùt in-dia |
| Oceano (m) Pacifico | มหาสมุทรแปซิฟิก | má-hǎa sà-mùt bpae-sí-fík |
| mar (m) Glaciale Artico | มหาสมุทรอาร์คติก | má-hǎa sà-mùt aa-ká-dtìk |

| mar (m) Nero | ทะเลดำ | thá-lay dam |
|---|---|---|
| mar (m) Rosso | ทะเลแดง | thá-lay daeng |
| mar (m) Giallo | ทะเลเหลือง | thá-lay lěuang |
| mar (m) Bianco | ทะเลขาว | thá-lay khǎao |

| mar (m) Caspio | ทะเลแคสเปียน | thá-lay khâet-bpian |
|---|---|---|
| mar (m) Morto | ทะเลเดดซี | thá-lay dàyt-see |
| mar (m) Mediterraneo | ทะเลเมดิเตอร์เรเนียน | thá-lay may-dì-dtêr-ray-nian |

| mar (m) Egeo | ทะเลเอเจี้ยน | thá-lay ay-jîan |
|---|---|---|
| mar (m) Adriatico | ทะเลเอเดรียติก | thá-lay ay-day-ree-yá-dtìk |
| mar (m) Arabico | ทะเลอาหรับ | thá-lay aa-ràp |

| | | |
|---|---|---|
| mar (m) del Giappone | ทะเลญี่ปุ่น | thá-lay yêe-bpùn |
| mare (m) di Bering | ทะเลเบริง | thá-lay bae-rîng |
| mar (m) Cinese meridionale | ทะเลจีนใต้ | thá-lay jeen-dtâi |
| | | |
| mar (m) dei Coralli | ทะเลคอรัล | thá-lay khor-ran |
| mar (m) di Tasman | ทะเลแทสมัน | thá-lay thâet man |
| mar (m) dei Caraibi | ทะเลแคริบเบียน | thá-lay khae-ríp-bian |
| | | |
| mare (m) di Barents | ทะเลบาเรนท์ | thá-lay baa-rayn |
| mare (m) di Kara | ทะเลคารา | thá-lay khaa-raa |
| | | |
| mare (m) del Nord | ทะเลเหนือ | thá-lay nĕua |
| mar (m) Baltico | ทะเลบอลติก | thá-lay bon-dtìk |
| mare (m) di Norvegia | ทะเลนอรเวย์ | thá-lay nor-rá-way |

## 79. Montagne

| | | |
|---|---|---|
| monte (m), montagna (f) | ภูเขา | phoo khǎo |
| catena (f) montuosa | ทิวเขา | thiw khǎo |
| crinale (m) | สันเขา | sǎn khǎo |
| | | |
| cima (f) | ยอดเขา | yôrt khǎo |
| picco (m) | ยอด | yôrt |
| piedi (m pl) | ตีนเขา | dteun khǎo |
| pendio (m) | ไหลเขา | lài khǎo |
| | | |
| vulcano (m) | ภูเขาไฟ | phoo khǎo fai |
| vulcano (m) attivo | ภูเขาไฟที่มีพลัง | phoo khǎo fai mee phá-lang |
| vulcano (m) inattivo | ภูเขาไฟที่ดับแล้ว | phoo khǎo fai thêe dàp láeo |
| | | |
| eruzione (f) | ภูเขาไฟระเบิด | phoo khǎo fai rá-bèrt |
| cratere (m) | ปล่องภูเขาไฟ | bplòng phoo khǎo fai |
| magma (m) | หินหนืด | hǐn nèut |
| lava (f) | ลาวา | laa-waa |
| fuso (lava ~a) | หลอมเหลว | lǒrm lěo |
| | | |
| canyon (m) | หุบเขาลึก | hùp khǎo léuk |
| gola (f) | ซองเขา | chôrng khǎo |
| crepaccio (m) | รอยแตกภูเขา | roi dtàek phoo khǎo |
| precipizio (m) | หุบเหวลึก | hùp wǎy léuk |
| | | |
| passo (m), valico (m) | ทางผ่าน | thaang phàan |
| altopiano (m) | ที่ราบสูง | thêe râap sǒong |
| falesia (f) | หน้าผา | nâa phǎa |
| collina (f) | เนินเขา | nern khǎo |
| | | |
| ghiacciaio (m) | ธารน้ำแข็ง | thaan náam khǎeng |
| cascata (f) | น้ำตก | nám dtòk |
| geyser (m) | น้ำพุร้อน | nám phú rórn |
| lago (m) | ทะเลสาบ | thá-lay sàap |
| | | |
| pianura (f) | ที่ราบ | thêe râap |
| paesaggio (m) | ภูมิทัศน์ | phoom thát |
| eco (f) | เสียงสะท้อน | sĭang sà-thón |

| alpinista (m) | นักปีนเขา | nák bpeen khǎo |
| scalatore (m) | นักไต่เขา | nák dtài khǎo |
| conquistare (~ una cima) | ไต่เขาถึงยอด | dtài khǎo thěung yôt |
| scalata (f) | การปีนเขา | gaan bpeen khǎo |

## 80. Nomi delle montagne

| Alpi (f pl) | เทือกเขาแอลป์ | thêuak-khǎo-aen |
| Monte (m) Bianco | ยอดเขามงบล็อง | yôt khǎo mong-bà-lǒng |
| Pirenei (m pl) | เทือกเขาไพรีนีส | thêuak khǎo pai-ree-nêet |

| Carpazi (m pl) | เทือกเขาคาร์เพเทียน | thêuak khǎo khaa-phay-thian |
| gli Urali (m pl) | เทือกเขายูรัล | thêuak khǎo yoo-ran |
| Caucaso (m) | เทือกเขาคอเคซัส | thêuak khǎo khor-khay-sát |
| Monte (m) Elbrus | ยอดเขาเอลบรุส | yôt khǎo ayn-brùt |

| Monti (m pl) Altai | เทือกเขาอัลไต | thêuak khǎo an-dtai |
| Tien Shan (m) | เทือกเขาเทียนชวน | thêuak khǎo thian-chaan |
| Pamir (m) | เทือกเขาพาเมียร์ | thêuak khǎo paa-mia |
| Himalaia (m) | เทือกเขาหิมาลัย | thêuak khǎo hì-maa-lai |
| Everest (m) | ยอดเขาเอเวอเรสต์ | yôt khǎo ay-wer-râyt |

| Ande (f pl) | เทือกเขาแอนดีส | thêuak-khǎo-aen-dèet |
| Kilimangiaro (m) | ยอดเขาคิลิมันจาโร | yôt khǎo khí-lí-man-jaa-roh |

## 81. Fiumi

| fiume (m) | แม่น้ำ | mâe náam |
| fonte (f) (sorgente) | แหล่งน้ำแร่ | làeng náam râe |
| letto (m) (~ del fiume) | เส้นทางแม่น้ำ | sên thaang mâe náam |
| bacino (m) | ลุมน้ำ | lûm náam |
| sfociare nel … | ไหลไปสู่… | lǎi bpai sòo… |

| affluente (m) | สาขา | sǎa-khǎa |
| riva (f) | ฝั่งแม่น้ำ | fàng mâe náam |

| corrente (f) | กระแสน้ำ | grà-sǎe náam |
| a valle | ตามกระแสน้ำ | dtaam grà-sǎe náam |
| a monte | ทวนน้ำ | thuan náam |

| inondazione (f) | น้ำท่วม | nám thûam |
| piena (f) | น้ำทวม | nám thûam |
| straripare (vi) | เอ่อล้น | èr lón |
| inondare (vt) | ท่วม | thûam |

| secca (f) | บริเวณน้ำตื้น | bor-rí-wayn nám dtêun |
| rapida (f) | กระแสน้ำเชี่ยว | grà-sǎe nám-chîeow |

| diga (f) | เขื่อน | khèuan |
| canale (m) | คลอง | khlorng |
| bacino (m) di riserva | ที่เก็บกักน้ำ | thêe gèp gàk náam |
| chiusa (f) | ประตูระบายน้ำ | bprà-dtoo rá-baai náam |

| specchio (m) d'acqua | พื้นน้ำ | phéun náam |
| palude (f) | บึง | beung |
| pantano (m) | ห้วย | hûay |
| vortice (m) | น้ำวน | nám won |

| ruscello (m) | ลำธาร | lam thaan |
| potabile (agg) | น้ำดื่มได้ | nám dèum dâai |
| dolce (di acqua ~) | น้ำจืด | nám jèut |

| ghiaccio (m) | น้ำแข็ง | nám khǎeng |
| ghiacciarsi (vr) | แชแข็ง | châe khǎeng |

## 82. Nomi dei fiumi

| Senna (f) | แม่น้ำเซน | mâe náam sayn |
| Loira (f) | แมน้ำลัวร์ | mâe-náam lua |

| Tamigi (m) | แม่น้ำเทมุส์ | mâe-náam them |
| Reno (m) | แม่น้ำไรน์ | mâe-náam rai |
| Danubio (m) | แมน้ำดานูบ | mâe-náam daa-nôop |

| Volga (m) | แม่น้ำวอลกา | mâe-náam won-gaa |
| Don (m) | แม่น้ำดอน | mâe-náam don |
| Lena (f) | แมน้ำลีนา | mâe-náam lee-naa |

| Fiume (m) Giallo | แม่น้ำหวง | mâe-náam hǔang |
| Fiume (m) Azzurro | แมน้ำแยงซี | mâe-náam yaeng-see |
| Mekong (m) | แม่น้ำโขง | mâe-náam khǒhng |
| Gange (m) | แมน้ำคงคา | mâe-náam khong-khaa |

| Nilo (m) | แม่น้ำไนล์ | mâe-náam nai |
| Congo (m) | แม่น้ำคองโก | mâe-náam khong-goh |
| Okavango | แมน้ำ โอคาวังโก | mâe-náam oh-khaa wang goh |
| Zambesi (m) | แม่น้ำแซมบีซี | mâe-náam saem bee see |
| Limpopo (m) | แม่น้ำลิมโปโป | mâe-náam lim-bpoh-bpoh |
| Mississippi (m) | แมน้ำมิสซิสซิปปี | mâe-náam mít-sít-síp-bpee |

## 83. Foresta

| foresta (f) | ป่าไม้ | bpàa máai |
| forestale (agg) | ป่า | bpàa |

| foresta (f) fitta | ป่าทึบ | bpàa théup |
| boschetto (m) | ป่าละเมาะ | bpàa lá-mór |
| radura (f) | ทุงโลง | thûng lôhng |

| roveto (m) | ป่าละเมาะ | bpàa lá-mór |
| boscaglia (f) | ป่าละเมาะ | bpàa lá-mór |

| sentiero (m) | ทางเดิน | thaang dern |
| calanco (m) | รองธาร | rông thaan |

| albero (m) | ต้นไม้ | dtôn máai |
| foglia (f) | ใบไม้ | bai máai |
| fogliame (m) | ใบไม้ | bai máai |

| caduta (f) delle foglie | ใบไม้ร่วง | bai máai rûang |
| cadere (vi) | ร่วง | rûang |
| cima (f) | ยอด | yôrt |

| ramo (m), ramoscello (m) | กิ่ง | gìng |
| ramo (m) | กานไม้ | gâan mái |
| gemma (f) | ยอดออน | yôrt òrn |
| ago (m) | เข็ม | khěm |
| pigna (f) | ลูกสน | lôok sǒn |

| cavità (f) | โพรงไม้ | phrohng máai |
| nido (m) | รัง | rang |
| tana (f) (del fox, ecc.) | โพรง | phrohng |

| tronco (m) | ลำต้น | lam dtôn |
| radice (f) | ราก | râak |
| corteccia (f) | เปลือกไม้ | bplèuak máai |
| musco (m) | มอส | môt |

| sradicare (vt) | ถอนราก | thǒrn râak |
| abbattere (~ un albero) | โคน | khôhn |
| disboscare (vt) | ตัดไม้ทำลายป่า | dtàt mái tham laai bpàa |
| ceppo (m) | ตอไม | dtor máai |

| falò (m) | กองไฟ | gorng fai |
| incendio (m) boschivo | ไฟป่า | fai bpàa |
| spegnere (vt) | ดับไฟ | dàp fai |

| guardia (f) forestale | เจ้าหน้าที่ดูแลป่า | jâo nâa-thêe doo lae bpàa |
| protezione (f) | การปกป้อง | gaan bpòk bpôrng |
| proteggere (~ la natura) | ปกป้อง | bpòk bpôrng |
| bracconiere (m) | นักลอบล่าสัตว์ | nák lôrp lâa sàt |
| tagliola (f) (~ per orsi) | กับดักเหล็ก | gàp dàk lèk |

| raccogliere (vt) | เก็บ | gèp |
| perdersi (vr) | หลงทาง | lǒng thaang |

## 84. Risorse naturali

| risorse (f pl) naturali | ทรัพยากร ธรรมชาติ | sáp-pá-yaa-gon tham-má-châat |
| minerali (m pl) | แร่ | râe |
| deposito (m) (~ di carbone) | ตะกอน | dtà-gorn |
| giacimento (m) (~ petrolifero) | บอ | bòr |

| estrarre (vt) | ขุดแร่ | khùt râe |
| estrazione (f) | การขุดแร่ | gaan khùt râe |
| minerale (m) grezzo | แร่ | râe |
| miniera (f) | เหมืองแร่ | měuang râe |
| pozzo (m) di miniera | ช่องเหมือง | chôrng měuang |

| minatore (m) | คนงานเหมือง | khon ngaan mĕuang |
| gas (m) | แก๊ส | gáet |
| gasdotto (m) | ท่อแก๊ส | thôr gáet |

| petrolio (m) | น้ำมัน | nám man |
| oleodotto (m) | ท่อน้ำมัน | thôr náam man |
| torre (f) di estrazione | บ่อน้ำมัน | bòr náam man |
| torre (f) di trivellazione | ปั้นจั่นขนาดใหญ่ | bpân jàn khà-nàat yài |
| petroliera (f) | เรือบรรทุกน้ำมัน | reua ban-thúk nám man |

| sabbia (f) | ทราย | saai |
| calcare (m) | หินปูน | hĭn bpoon |
| ghiaia (f) | กรวด | grùat |
| torba (f) | พีต | phêet |
| argilla (f) | ดินเหนียว | din nĭeow |
| carbone (m) | ถ่านหิน | thàan hĭn |

| ferro (m) | เหล็ก | lèk |
| oro (m) | ทอง | thorng |
| argento (m) | เงิน | ngern |
| nichel (m) | นิเกิล | ní-gêrn |
| rame (m) | ทองแดง | thorng daeng |

| zinco (m) | สังกะสี | săng-gà-sĕe |
| manganese (m) | แมงกานีส | maeng-gaa-nêet |
| mercurio (m) | ปรอท | bpa -ròrt |
| piombo (m) | ตะกั่ว | dtà-gùa |

| minerale (m) | แร่ | râe |
| cristallo (m) | ผลึก | phà-lèuk |
| marmo (m) | หินอ่อน | hĭn òrn |
| uranio (m) | ยูเรเนียม | yoo-ray-niam |

## 85. Tempo

| tempo (m) | สภาพอากาศ | sà-phâap aa-gàat |
| previsione (f) del tempo | พยากรณ์สภาพอากาศ | phá-yaa-gon sà-phâap aa-gàat |

| temperatura (f) | อุณหภูมิ | un-hà-phoom |
| termometro (m) | ปรอทวัดอุณหภูมิ | bpà-ròrt wát un-hà-phoom |
| barometro (m) | เครื่องวัดความดันบรรยากาศ | khrêuang wát khwaam dan ban-yaa-gàat |

| umido (agg) | ชื้น | chéun |
| umidità (f) | ความชื้น | khwaam chéun |

| caldo (m), afa (f) | ความร้อน | khwaam rórn |
| molto caldo (agg) | ร้อน | rórn |
| fa molto caldo | มันร้อน | man rórn |

| fa caldo | มันอุ่น | man ùn |
| caldo, mite (agg) | อุ่น | ùn |
| fa freddo | อากาศเย็น | aa-gàat yen |
| freddo (agg) | เย็น | yen |

| sole (m) | ดวงอาทิตย์ | duang aa-thít |
|---|---|---|
| splendere (vi) | สองแสง | sòrng săeng |
| di sole (una giornata ~) | มีแสงแดด | mee săeng dàet |
| sorgere, levarsi (vr) | ขึ้น | khêun |
| tramontare (vi) | ตก | dtòk |

| nuvola (f) | เมฆ | mâyk |
|---|---|---|
| nuvoloso (agg) | มีเมฆมาก | mee mâyk mâak |
| nube (f) di pioggia | เมฆฝน | mâyk fŏn |
| nuvoloso (agg) | มืดครึ้ม | mêut khréum |

| pioggia (f) | ฝน | fŏn |
|---|---|---|
| piove | ฝนตก | fŏn dtòk |
| piovoso (agg) | ฝนตก | fŏn dtòk |
| piovigginare (vi) | ฝนปรอย | fòn bproi |

| pioggia (f) torrenziale | ฝนตกหนัก | fŏn dtòk nàk |
|---|---|---|
| acquazzone (m) | ฝนหาใหญ่ | fŏn hàa yài |
| forte (una ~ pioggia) | หนัก | nàk |
| pozzanghera (f) | หลมน้ำ | lòm nám |
| bagnarsi (~ sotto la pioggia) | เปียก | bpìak |

| foschia (f), nebbia (f) | หมอก | mòrk |
|---|---|---|
| nebbioso (agg) | หมอกจัด | mòrk jàt |
| neve (f) | หิมะ | hì-má |
| nevica | หิมะตก | hì-má dtòk |

## 86. Rigide condizioni metereologiche. Disastri naturali

| temporale (m) | พายุฟ้าคะนอง | phaa-yú fáa khá-nong |
|---|---|---|
| fulmine (f) | ฟ้าผา | fáa phàa |
| lampeggiare (vi) | แลบ | lâep |

| tuono (m) | ฟ้าคะนอง | fáa khá-norng |
|---|---|---|
| tuonare (vi) | มีฟ้าคะนอง | mee fáa khá-norng |
| tuona | มีฟ้ารอง | mee fáa rórng |

| grandine (f) | ลูกเห็บ | lôok hèp |
|---|---|---|
| grandina | มีลูกเห็บตก | mee lôok hèp dtòk |

| inondare (vt) | ท่วม | thûam |
|---|---|---|
| inondazione (f) | น้ำทวม | nám thûam |

| terremoto (m) | แผ่นดินไหว | phàen din wăi |
|---|---|---|
| scossa (f) | ไหว | wăi |
| epicentro (m) | จุดเหนือศูนย์แผ่นดินไหว | jùt nĕua sŏon phàen din wăi |

| eruzione (f) | ภูเขาไฟระเบิด | phoo khăo fai rá-bèrt |
|---|---|---|
| lava (f) | ลาวา | laa-waa |

| tromba (f) d'aria | พายุหมุน | phaa-yú mŭn |
|---|---|---|
| tornado (m) | พายุทอร์เนโด | phaa-yú thor-nay-doh |
| tifone (m) | พายุไต้ฝุ่น | phaa-yú dtâi fùn |
| uragano (m) | พายุเฮอร์ริเคน | phaa-yú her-rí-khayn |

| | | |
|---|---|---|
| tempesta (f) | พายุ | phaa-yú |
| tsunami (m) | คลื่นสึนามิ | khlêun sèu-naa-mí |
| | | |
| ciclone (m) | พายุไซโคลน | phaa-yú sai-khlohn |
| maltempo (m) | อากาศไม่ดี | aa-gàat mâi dee |
| incendio (m) | ไฟไหม | fai mâi |
| disastro (m) | ความหายนะ | khwaam hǎa-yá-ná |
| meteorite (m) | อุกกาบาต | ùk-gaa-bàat |
| | | |
| valanga (f) | หิมะถล่ม | hì-má thà-lòm |
| slavina (f) | หิมะถลม | hì-má thà-lòm |
| tempesta (f) di neve | พายุหิมะ | phaa-yú hì-má |
| bufera (f) di neve | พายุหิมะ | phaa-yú hì-má |

# FAUNA

## 87. Mammiferi. Predatori

| | | |
|---|---|---|
| predatore (m) | สัตว์กินเนื้อ | sàt gin néua |
| tigre (f) | เสือ | sĕua |
| leone (m) | สิงโต | sĭng dtoh |
| lupo (m) | หมาป่า | mǎa bpàa |
| volpe (m) | หมาจิ้งจอก | mǎa jîng-jòk |
| giaguaro (m) | เสือจากัวร์ | sĕua jaa-gua |
| leopardo (m) | เสือดาว | sĕua daao |
| ghepardo (m) | เสือชีตาห์ | sĕua chee-dtaa |
| pantera (f) | เสือดำ | sĕua dam |
| puma (f) | สิงโตภูเขา | sĭng-dtoh phoo khǎo |
| leopardo (m) delle nevi | เสือดาวหิมะ | sĕua daao hì-má |
| lince (f) | แมวป่า | maew bpàa |
| coyote (m) | โคโยตี้ | khoh-yoh-dtêe |
| sciacallo (m) | หมาจิ้งจอกทอง | mǎa jîng-jòk thorng |
| iena (f) | ไฮยีนา | hai-yee-naa |

## 88. Animali selvatici

| | | |
|---|---|---|
| animale (m) | สัตว์ | sàt |
| bestia (f) | สัตว์ | sàt |
| scoiattolo (m) | กระรอก | grà rôk |
| riccio (m) | เมน | mâyn |
| lepre (f) | กระต่ายป่า | grà-dtàai bpàa |
| coniglio (m) | กระต่าย | grà-dtàai |
| tasso (m) | แบดเจอร์ | baet-jer |
| procione (f) | แร็คคูน | ráek khoon |
| criceto (m) | หนูแฮมสเตอร์ | nŏo haem-sà-dtêr |
| marmotta (f) | มารมอต | maa-môt |
| talpa (f) | ตุ่น | dtùn |
| topo (m) | หนู | nŏo |
| ratto (m) | หนู | nŏo |
| pipistrello (m) | ค้างคาว | kháang khaao |
| ermellino (m) | เออร์มิน | er-min |
| zibellino (m) | เซเบิล | say bern |
| martora (f) | มารเทิน | maa thern |
| donnola (f) | เพียงพอนสีน้ำตาล | phiang phon sĕe nám dtaan |
| visone (m) | เพียงพอน | phiang phorn |

| castoro (m) | บีเวอร์ | bee-wer |
| lontra (f) | นาก | nâak |

| cavallo (m) | ม้า | máa |
| alce (m) | กวางมูส | gwaang môot |
| cervo (m) | กวาง | gwaang |
| cammello (m) | อูฐ | òot |

| bisonte (m) americano | วัวป่า | wua bpàa |
| bisonte (m) europeo | วัวป่าออรอช | wua bpàa or rôt |
| bufalo (m) | ควาย | khwaai |

| zebra (f) | ม้าลาย | máa laai |
| antilope (f) | แอนทีโลป | aen-thi-lòp |
| capriolo (m) | กวางโรเดียร์ | gwaang roh-dia |
| daino (m) | กวางแฟลโลว์ | gwaang flae-loh |
| camoscio (m) | เลียงผา | liang-phǎa |
| cinghiale (m) | หมูป่า | mǒo bpàa |

| balena (f) | วาฬ | waan |
| foca (f) | แมวน้ำ | maew náam |
| tricheco (m) | ช้างน้ำ | cháang náam |
| otaria (f) | แมวน้ำมีขน | maew náam mee khǒn |
| delfino (m) | โลมา | loh-maa |

| orso (m) | หมี | mĕe |
| orso (m) bianco | หมีขั้วโลก | mĕe khúa lôhk |
| panda (m) | หมีแพนดา | mĕe phaen-dâa |

| scimmia (f) | ลิง | ling |
| scimpanzè (m) | ลิงชิมแปนชี | ling chim-bpaen-see |
| orango (m) | ลิงอุรังอุตัง | ling u-rang-u-dtang |
| gorilla (m) | ลิงกอริลลา | ling gor-rin-lâa |
| macaco (m) | ลิงแม็กแคก | ling mâk-khâk |
| gibbone (m) | ชะนี | chá-nee |

| elefante (m) | ช้าง | cháang |
| rinoceronte (m) | แรด | râet |
| giraffa (f) | ยีราฟ | yee-râaf |
| ippopotamo (m) | ฮิปโปโปเตมัส | híp-bpoh-bpoh-dtay-mát |

| canguro (m) | จิงโจ้ | jing-jôh |
| koala (m) | หมีโคอาล่า | mĕe khoh aa lâa |

| mangusta (f) | พังพอน | phang phon |
| cincillà (f) | ชินชิลลา | khin-khin laa |
| moffetta (f) | สกังก์ | sà-gang |
| istrice (m) | เมน | mâyn |

## 89. Animali domestici

| gatta (f) | แมวตัวเมีย | maew dtua mia |
| gatto (m) | แมวตัวผู้ | maew dtua phôo |
| cane (m) | สุนัข | sù-nák |

| | | |
|---|---|---|
| cavallo (m) | ม้า | máa |
| stallone (m) | ม้าตัวผู้ | máa dtua phôo |
| giumenta (f) | มาตัวเมีย | máa dtua mia |
| | | |
| mucca (f) | วัว | wua |
| toro (m) | กระทิง | grà-thing |
| bue (m) | วัว | wua |
| | | |
| pecora (f) | แกะตัวเมีย | gàe dtua mia |
| montone (m) | แกะตัวผู้ | gàe dtua phôo |
| capra (f) | แพะตัวเมีย | pháe dtua mia |
| caprone (m) | แพะตัวผู้ | pháe dtua phôo |
| | | |
| asino (m) | ลา | laa |
| mulo (m) | ลอ | lôr |
| | | |
| porco (m) | หมู | mŏo |
| porcellino (m) | ลูกหมู | lôok mŏo |
| coniglio (m) | กระต่าย | grà-dtàai |
| | | |
| gallina (f) | ไก่ตัวเมีย | gài dtua mia |
| gallo (m) | ไกตัวผู้ | gài dtua phôo |
| | | |
| anatra (f) | เป็ดตัวเมีย | bpèt dtua mia |
| maschio (m) dell'anatra | เป็ดตัวผู้ | bpèt dtua phôo |
| oca (f) | หาน | hàan |
| | | |
| tacchino (m) | ไก่งวงตัวผู้ | gài nguang dtua phôo |
| tacchina (f) | ไกงวงตัวเมีย | gài nguang dtua mia |
| | | |
| animali (m pl) domestici | สัตว์เลี้ยง | sàt líang |
| addomesticato (agg) | เลี้ยง | líang |
| addomesticare (vt) | เชื่อง | chêuang |
| allevare (vt) | ขยายพันธุ์ | khà-yăai phan |
| | | |
| fattoria (f) | ฟาร์ม | faam |
| pollame (m) | สัตว์ปีก | sàt bpèek |
| bestiame (m) | วัวควาย | wua khwaai |
| branco (m), mandria (f) | ฝูง | fŏong |
| | | |
| scuderia (f) | คอกม้า | khôrk máa |
| porcile (m) | คอกหมู | khôrk mŏo |
| stalla (f) | คอกวัว | khôrk wua |
| conigliera (f) | คอกกระต่าย | khôrk grà-dtàai |
| pollaio (m) | เล้าไก | láo gài |

## 90. Uccelli

| | | |
|---|---|---|
| uccello (m) | นก | nók |
| colombo (m), piccione (m) | นกพิราบ | nók phí-râap |
| passero (m) | นกกระจิบ | nók grà-jìp |
| cincia (f) | นกติด | nók dtít |
| gazza (f) | นกสาลิกา | nók săa-lí gaa |
| corvo (m) | นกอีกา | nók ee-gaa |

| cornacchia (f) | นกกา | nók gaa |
| taccola (f) | นกจำพวกกา | nók jam phúak gaa |
| corvo (m) nero | นกการูด | nók gaa róok |

| anatra (f) | เป็ด | bpèt |
| oca (f) | ห่าน | hàan |
| fagiano (m) | ไก่ฟ้า | gài fáa |

| aquila (f) | นกอินทรี | nók in-see |
| astore (m) | นกเหยี่ยว | nók yìeow |
| falco (m) | นกเหยี่ยว | nók yìeow |
| grifone (m) | นกแร้ง | nók ráeng |
| condor (m) | นกแร้งขนาดใหญ่ | nók ráeng kà-nàat yài |

| cigno (m) | นกหงส์ | nók hŏng |
| gru (f) | นกกระเรียน | nók grà rian |
| cicogna (f) | นกกระสา | nók grà-săa |

| pappagallo (m) | นกแก้ว | nók gâew |
| colibrì (m) | นกฮัมมิ่งเบิร์ด | nók ham-mîng-bèrt |
| pavone (m) | นกยูง | nók yoong |

| struzzo (m) | นกกระจอกเทศ | nók grà-jòrk-thâyt |
| airone (m) | นกยาง | nók yaang |
| fenicottero (m) | นกฟลามิงโก | nók flaa-ming-goh |
| pellicano (m) | นกกระทุง | nók-grà-thung |

| usignolo (m) | นกไนติงเกล | nók-nai-dting-gayn |
| rondine (f) | นกนางแอ่น | nók naang-àen |

| tordo (m) | นกเดินดง | nók dern dong |
| tordo (m) sasello | นกเดินดงร้องเพลง | nók dern dong rórng phlayng |
| merlo (m) | นกเดินดงสีดำ | nók-dern-dong sĕe dam |

| rondone (m) | นกแอ่น | nók àen |
| allodola (f) | นกลาร์ค | nók lâak |
| quaglia (f) | นกคุ่ม | nók khúm |

| picchio (m) | นกหัวขวาน | nók hŭa khwăan |
| cuculo (m) | นกดุเหว่า | nók dù hăy wâa |
| civetta (f) | นกฮูก | nók hôok |
| gufo (m) reale | นกเค้าใหญ่ | nók kháo yài |
| urogallo (m) | ไก่ป่า | gài bpàa |
| fagiano (m) di monte | ไก่ดำ | gài dam |
| pernice (f) | นกกระทา | nók-grà-thaa |

| storno (m) | นกกิ้งโครง | nók-gîng-khrohng |
| canarino (m) | นกขุนมิน | nók khà-mîn |
| francolino (m) di monte | ไก่น้ำตาล | gài nám dtaan |

| fringuello (m) | นกจาบ | nók-jàap |
| ciuffolotto (m) | นกบูลฟินช์ | nók boon-fin |

| gabbiano (m) | นกนางนวล | nók naang-nuan |
| albatro (m) | นกอัลบาทรอส | nók an-baa-thrôt |
| pinguino (m) | นกเพนกวิน | nók phayn-gwin |

## 91. Pesci. Animali marini

| | | |
|---|---|---|
| abramide (f) | ปลาบรีม | bplaa bpreem |
| carpa (f) | ปลาคาร์ป | bplaa khâap |
| perca (f) | ปลาเพิร์ช | bplaa phêrt |
| pesce (m) gatto | ปลาดุก | bplaa-dùk |
| luccio (m) | ปลาไพค์ | bplaa phai |
| | | |
| salmone (m) | ปลาแซลมอน | bplaa saen-morn |
| storione (m) | ปลาสเตอร์เจียน | bpláa sà-dtêr jian |
| | | |
| aringa (f) | ปลาเฮอร์ริง | bplaa her-ring |
| salmone (m) | ปลาแซลมอนแอตแลนติก | bplaa saen-mon àet-laen-dtìk |
| scombro (m) | ปลาซาบะ | bplaa saa-bà |
| sogliola (f) | ปลาลิ้นหมา | bplaa lín-mǎa |
| | | |
| lucioperca (f) | ปลาไพค์เพิร์ช | bplaa phái phert |
| merluzzo (m) | ปลาค็อด | bplaa khót |
| tonno (m) | ปลาทูน่า | bplaa thoo-nâa |
| trota (f) | ปลาเทราท์ | bplaa thrau |
| | | |
| anguilla (f) | ปลาไหล | bplaa lǎi |
| torpedine (f) | ปลากระเบนไฟฟ้า | bplaa grà-bayn-fai-fáa |
| murena (f) | ปลาไหลมอเรย์ | bplaa lǎi mor-ray |
| piranha (f) | ปลาปิรันยา | bplaa bpì-ran-yâa |
| | | |
| squalo (m) | ปลาฉลาม | bplaa chà-lǎam |
| delfino (m) | โลมา | loh-maa |
| balena (f) | วาฬ | waan |
| | | |
| granchio (m) | ปู | bpoo |
| medusa (f) | แมงกะพรุน | maeng gà-phrun |
| polpo (m) | ปลาหมึก | bplaa mèuk |
| | | |
| stella (f) marina | ปลาดาว | bplaa daao |
| riccio (m) di mare | หอยเม่น | hǒi mâyn |
| cavalluccio (m) marino | ม้าน้ำ | máa nám |
| | | |
| ostrica (f) | หอยนางรม | hǒi naang rom |
| gamberetto (m) | กุ้ง | gúng |
| astice (m) | กุ้งมังกร | gúng mang-gon |
| aragosta (f) | กุ้งมังกร | gúng mang-gon |

## 92. Anfibi. Rettili

| | | |
|---|---|---|
| serpente (m) | งู | ngoo |
| velenoso (agg) | พิษ | phít |
| vipera (f) | งูแมวเซา | ngoo maew sao |
| cobra (m) | งูเห่า | ngoo hào |
| pitone (m) | งูเหลือม | ngoo lěuam |
| boa (m) | งูโบอา | ngoo boh-aa |
| biscia (f) | งูเล็กที่ไม่เป็นอันตราย | ngoo lék thêe mâi bpen an-dtà-raai |

| | | |
|---|---|---|
| serpente (m) a sonagli | งูหางกระดิ่ง | ngoo hăang grà-dìng |
| anaconda (f) | งูอนาคอนดา | ngoo a -naa-khon-daa |
| | | |
| lucertola (f) | กิ้งก่า | gîng-gàa |
| iguana (f) | อีกัวนา | ee gua naa |
| varano (m) | กิ้งกามอนิเตอร์ | gîng-gàa mor-ní-dtêr |
| salamandra (f) | ซาลาแมนเดอร | saa-laa-maen-dêr |
| camaleonte (m) | กิ้งกาคามิเลียน | gîng-gàa khaa-mí-lian |
| scorpione (m) | แมงป่อง | maeng bpòrng |
| | | |
| tartaruga (f) | เต่า | dtào |
| rana (f) | กบ | gòp |
| rospo (m) | คางคก | khaang-kók |
| coccodrillo (m) | จระเข้ | jor-rá-khây |

## 93. Insetti

| | | |
|---|---|---|
| insetto (m) | แมลง | má-laeng |
| farfalla (f) | ผีเสื้อ | phĕe sêua |
| formica (f) | มด | mót |
| mosca (f) | แมลงวัน | má-laeng wan |
| zanzara (f) | ยุง | yung |
| scarabeo (m) | แมลงปีกแข็ง | má-laeng bpèek khăeng |
| | | |
| vespa (f) | ต่อ | dtòr |
| ape (f) | ผึ้ง | phêung |
| bombo (m) | ผึ้งบัมเบิลบี | phêung bam-bern bee |
| tafano (m) | เหลือบ | lèuap |
| | | |
| ragno (m) | แมงมุม | maeng mum |
| ragnatela (f) | ใยแมงมุม | yai maeng mum |
| | | |
| libellula (f) | แมลงปอ | má-laeng bpor |
| cavalletta (f) | ตั๊กแตน | dták-gà-dtaen |
| farfalla (f) notturna | ผีเสื้อกลางคืน | phĕe sêua glaang kheun |
| | | |
| scarafaggio (m) | แมลงสาบ | má-laeng sàap |
| zecca (f) | เห็บ | hèp |
| pulce (f) | หมัด | màt |
| moscerino (m) | ริ้น | rín |
| | | |
| locusta (f) | ตั๊กแตน | dták-gà-dtaen |
| lumaca (f) | หอยทาก | hŏi thâak |
| grillo (m) | จิ้งหรีด | jîng-rèet |
| lucciola (m) | หิ่งหอย | hìng-hôi |
| coccinella (f) | แมลงเต่าทอง | má-laeng dtào thorng |
| maggiolino (m) | แมงอีนูน | maeng ee noon |
| | | |
| sanguisuga (f) | ปูลิง | bpling |
| bruco (m) | บุ้ง | búng |
| verme (m) | ไส้เดือน | sâi deuan |
| larva (f) | ตัวอ่อน | dtua òrn |

# FLORA

## 94. Alberi

| | | |
|---|---|---|
| albero (m) | ต้นไม้ | dtôn máai |
| deciduo (agg) | ผลัดใบ | phlàt bai |
| conifero (agg) | สน | sŏn |
| sempreverde (agg) | ซึ่งเขียวชอุ่ม<br>ตลอดปี | sêung khĭeow chá-ùm<br>dtà-lòrt bpee |
| melo (m) | ต้นแอปเปิ้ล | dtôn àep-bpêrn |
| pero (m) | ต้นแพร | dtôn phae |
| ciliegio (m) | ตูนเชอร์รี่ป่า | dtôn cher-rêe bpàa |
| amareno (m) | ตูนเชอร์รี่ | dtôn cher-rêe |
| prugno (m) | ตนพลัม | dtôn phlam |
| betulla (f) | ต้นเบิร์ช | dtôn bèrt |
| quercia (f) | ตูนโอ๊ค | dtôn óhk |
| tiglio (m) | ตนไม้ดอกเหลือง | dtôn máai dòrk lĕuang |
| pioppo (m) tremolo | ต้นแอสเพน | dtôn ae sà-phayn |
| acero (m) | ตนเมเปิ้ล | dtôn may bpêrn |
| abete (m) | ต้นเฟอร์ | dtôn fer |
| pino (m) | ตูนเกี๊ยะ | dtôn gía |
| larice (m) | ตนลาร์ช | dtôn lâat |
| abete (m) bianco | ต้นเฟอร์ | dtôn fer |
| cedro (m) | ตนซีดาร์ | dtôn-see-daa |
| pioppo (m) | ต้นปอปลาร์ | dtôn bpor-bplaa |
| sorbo (m) | ตนโรแวน | dtôn-roh-waen |
| salice (m) | ต้นวิลโลว์ | dtôn win-loh |
| alno (m) | ตนอัลเดอร์ | dtôn an-dêr |
| faggio (m) | ต้นบีช | dtôn bèet |
| olmo (m) | ตนเอล์ม | dtôn elm |
| frassino (m) | ต้นแอช | dtôn aesh |
| castagno (m) | ตนเกาลัด | dtôn gao lát |
| magnolia (f) | ต้นแมกโนเลีย | dtôn mâek-noh-lia |
| palma (f) | ต้นปาล์ม | dtôn bpaam |
| cipresso (m) | ตนไซเปรส | dtôn-sai-bpràyt |
| mangrovia (f) | ต้นโกงกาง | dtôn gohng gaang |
| baobab (m) | ต้นเบาบับ | dtôn bao-bàp |
| eucalipto (m) | ตูนยูคาลิปตัส | dtôn yoo-khaa-líp-dtàt |
| sequoia (f) | ตนสนซีควัยยา | dtôn sŏn see kua yaa |

## 95. Arbusti

| | | |
|---|---|---|
| cespuglio (m) | พุ่มไม้ | phúm máai |
| arbusto (m) | ต้นไม้พุ่ม | dtôn máai phúm |
| vite (f) | ต้นองุ่น | dtôn a-ngùn |
| vigneto (m) | ไร่องุ่น | râi a-ngùn |
| lampone (m) | พุ่มราสเบอร์รี่ | phúm râat-ber-rêe |
| ribes (m) nero | พุ่มแบล็คเคอร์แรนท์ | phúm blàek-khêr-raen |
| ribes (m) rosso | พุมเรดเคอรุแรนท | phúm râyt-khêr-raen |
| uva (f) spina | พุมกูสเบอร์รี่ | phúm gòot-ber-rêe |
| acacia (f) | ต้นอาเคเซีย | dtôn aa-khay-chia |
| crespino (m) | ตนบารเบอร์รี่ | dtôn baa-ber-rêe |
| gelsomino (m) | มะลิ | má-lí |
| ginepro (m) | ต้นจูนิเปอร์ | dtôn joo-ní-bper |
| roseto (m) | พุมกุหลาบ | phúm gù làap |
| rosa (f) canina | พุมดี้อกโรส | phúm dòrk-rôht |

## 96. Frutti. Bacche

| | | |
|---|---|---|
| frutto (m) | ผลไม้ | phǒn-lá-máai |
| frutti (m pl) | ผลไม | phǒn-lá-máai |
| mela (f) | แอปเปิ้ล | àep-bpêrn |
| pera (f) | ลูกแพร | lôok phae |
| prugna (f) | พลัม | phlam |
| fragola (f) | สตรอว์เบอร์รี่ | sà-dtror-ber-rêe |
| amarena (f) | เชอร์รี่ | cher-rêe |
| ciliegia (f) | เชอร์รี่ป่า | cher-rêe bpàa |
| uva (f) | องุ่น | a-ngùn |
| lampone (m) | ราสเบอร์รี่ | râat-ber-rêe |
| ribes (m) nero | แบล็คเคอร์แรนท์ | blàek khêr-raen |
| ribes (m) rosso | เรดเคอรุแรนท | râyt-khêr-raen |
| uva (f) spina | กูสเบอร์รี่ | gòot-ber-rêe |
| mirtillo (m) di palude | แครนเบอร์รี่ | khraen-ber-rêe |
| arancia (f) | ส้ม | sôm |
| mandarino (m) | สมแมนดาริน | sôm maen daa rin |
| ananas (m) | สับปะรด | sàp-bpà-rót |
| banana (f) | กล้วย | glúay |
| dattero (m) | อินทผลัม | in-thá-phâ-lam |
| limone (m) | เลมอน | lay-mon |
| albicocca (f) | แอปริคอท | ae-bprì-khôrt |
| pesca (f) | ลูกทอ | lôok thór |
| kiwi (m) | กีวี | gee wee |
| pompelmo (m) | สมโอ | sôm oh |
| bacca (f) | เบอร์รี่ | ber-rêe |

| bacche (f pl) | เบอร์รี่ | ber-rêe |
| mirtillo (m) rosso | คาวเบอร์รี่ | khaao-ber-rêe |
| fragola (f) di bosco | สตรอวเบอร์รี่ป่า | sá-dtrorw ber-rêe bpàa |
| mirtillo (m) | บิลเบอร์รี่ | bil-ber-rêe |

## 97. Fiori. Piante

| fiore (m) | ดอกไม้ | dòrk máai |
| mazzo (m) di fiori | ช่อดอกไม้ | chôr dòrk máai |

| rosa (f) | ดอกกุหลาบ | dòrk gù làap |
| tulipano (m) | ดอกทิวลิป | dòrk thiw-líp |
| garofano (m) | ดอกคาร์เนชั่น | dòrk khaa-nay-chân |
| gladiolo (m) | ดอกแกลดิโอลัส | dòrk gaen-dì-oh-lát |

| fiordaliso (m) | ดอกคอร์นฟลาวเวอร์ | dòrk khon-flaao-wer |
| campanella (f) | ดอกระฆัง | dòrk rá-khang |
| soffione (m) | ดอกแดนดิไลออน | dòrk daen-dì-lai-on |
| camomilla (f) | ดอกคาโมมายล์ | dòrk khaa-moh maai |

| aloe (m) | ว่านหางจระเข้ | wâan-hăang-jor-rá-khây |
| cactus (m) | ตู้บองเพชร | dtà-bong-phét |
| ficus (m) | ตนเลียบ | dtôn lîap |

| giglio (m) | ดอกลิลลี่ | dòrk lí-lêe |
| geranio (m) | ดอกเจอราเนียม | dòrk jer-raa-niam |
| giacinto (m) | ดอกไฮอะชินท์ | dòrk hai-a-sin |

| mimosa (f) | ดอกไมยราบ | dòrk mai râap |
| narciso (m) | ดอกนาร์ซิสซัส | dòrk naa-sít-sát |
| nasturzio (m) | ดอกแนสเตอร์ชัม | dòrk nâet-dtêr-cham |

| orchidea (f) | ดอกกล้วยไม้ | dòrk glúay máai |
| peonia (f) | ดอกโบตั๋น | dòrk boh-dtăn |
| viola (f) | ดอกไวโอเล็ต | dòrk wai-oh-lét |

| viola (f) del pensiero | ดอกแพนซี | dòrk phaen-see |
| nontiscordardimé (m) | ดอกฟอร์เก็ตมีน็อต | dòrk for-gèt-mee-nót |
| margherita (f) | ดอกเดซี | dòrk day see |

| papavero (m) | ดอกป๊อปปี้ | dòrk bpóp-bpêe |
| canapa (f) | กัญชา | gan chaa |
| menta (f) | สะระแหน่ | sà-rá-nàe |

| mughetto (m) | ดอกลิลลี่แห่งหุบเขา | dòrk lí-lá-lêe hàeng hùp khăo |
| bucaneve (m) | ดอกหยาดหิมะ | dòrk yàat hì-má |

| ortica (f) | ตำแย | dtam-yae |
| acetosa (f) | ซอร์เรล | sor-rayn |
| ninfea (f) | บัว | bua |
| felce (f) | เฟิร์น | fern |
| lichene (m) | ไลเคน | lai-khayn |
| serra (f) | เรือนกระจก | reuan grà-jòk |
| prato (m) erboso | สนามหญ้า | sà-năam yâa |

| aiuola (f) | สนามดอกไม้ | sà-năam-dòrk-máai |
| pianta (f) | พืชุ | phêut |
| erba (f) | หญ้า | yâa |
| filo (m) d'erba | ใบหญ้า | bai yâa |

| foglia (f) | ใบไม้ | bai máai |
| petalo (m) | กลีบดอก | glèep dòrk |
| stelo (m) | ลำต้น | lam dtôn |
| tubero (m) | หัวใต้ดิน | hŭa dtâi din |

| germoglio (m) | ต้นอ่อน | dtôn òrn |
| spina (f) | หนาม | năam |

| fiorire (vi) | บาน | baan |
| appassire (vi) | เหี่ยว | hìeow |
| odore (m), profumo (m) | กลิ่น | glìn |
| tagliare (~ i fiori) | ตัด | dtàt |
| cogliere (vt) | เด็ด | dèt |

## 98. Cereali, granaglie

| grano (m) | เมล็ด | má-lét |
| cereali (m pl) | ธัญพืช | than-yá-phêut |
| spiga (f) | รวงข้าว | ruang khâao |

| frumento (m) | ข้าวสาลี | khâao săa-lee |
| segale (f) | ข้าวไรย์ | khâao rai |
| avena (f) | ข้าวโอต | khâao óht |
| miglio (m) | ข้าวฟ่าง | khâao fâang |
| orzo (m) | ข้าวบาร์เลย์ | khâao baa-lây |

| mais (m) | ข้าวโพด | khâao-phôht |
| riso (m) | ข้าว | khâao |
| grano (m) saraceno | บัควีท | bàk-wêet |

| pisello (m) | ถั่วลันเตา | thùa-lan-dtao |
| fagiolo (m) | ถั่วรูปไต | thùa rôop dtai |
| soia (f) | ถั่วเหลือง | thùa lĕuang |
| lenticchie (f pl) | ถั่วเลนทิล | thùa layn thin |
| fave (f pl) | ถั่ว | thùa |

# PAESI

## 99. Paesi. Parte 1

| | | |
|---|---|---|
| Afghanistan (m) | ประเทศอัฟกานิสถาน | bprà-thâyt àf-gaa-nít-thăan |
| Albania (f) | ประเทศแอลเบเนีย | bprà-thâyt aen-bay-nia |
| Arabia Saudita (f) | ประเทศ ซาอุดีอาระเบีย | bprà-thâyt saa-u-dì aa-ra--bia |
| Argentina (f) | ประเทศอาร์เจนตินา | bprà-thâyt aa-jayn-dtì-naa |
| Armenia (f) | ประเทศอาร์เมเนีย | bprà-thâyt aa-may-nia |
| Australia (f) | ประเทศออสเตรเลีย | bprà-thâyt òt-dtray-lia |
| Austria (f) | ประเทศออสเตรีย | bprà-thâyt òt-dtria |
| Azerbaigian (m) | ประเทศอาเซอร์ไบจาน | bprà-thâyt aa-sêr-bai-jaan |
| | | |
| Le Bahamas | ประเทศบาฮามาส | bprà-thâyt baa-haa-mâat |
| Bangladesh (m) | ประเทศบังคลาเทศ | bprà-thâyt bang-khlaa-thâyt |
| Belgio (m) | ประเทศเบลเยียม | bprà-thâyt bayn-yiam |
| Bielorussia (f) | ประเทศเบลารุส | bprà-thâyt blao-rút |
| Birmania (f) | ประเทศเมียนมาร์ | bprà-thâyt mian-maa |
| Bolivia (f) | ประเทศโบลิเวีย | bprà-thâyt boh-lí-wia |
| Bosnia-Erzegovina (f) | ประเทศบอสเนีย และเฮอรเซโกวีนา | bprà-thâyt bòt-nia láe her-say-goh-wí-naa |
| Brasile (m) | ประเทศบราซิล | bprà-thâyt braa-sin |
| Bulgaria (f) | ประเทศบัลแกเรีย | bprà-thâyt ban-gae-ria |
| | | |
| Cambogia (f) | ประเทศกัมพูชา | bprà-thâyt gam-phoo-chaa |
| Canada (m) | ประเทศแคนาดา | bprà-thâyt khae-naa-daa |
| Cile (m) | ประเทศชิลี | bprà-thâyt chí-lee |
| Cina (f) | ประเทศจีน | bprà-thâyt jeen |
| Cipro (m) | ประเทศไซปรัส | bprà-thâyt sai-bpràt |
| Colombia (f) | ประเทศโคลัมเบีย | bprà-thâyt khoh-lam-bia |
| Corea (f) del Nord | เกาหลีเหนือ | gao-lĕe nĕua |
| Corea (f) del Sud | เกาหลีใต้ | gao-lĕe dtâi |
| Croazia (f) | ประเทศโครเอเชีย | bprà-thâyt khroh-ay-chia |
| Cuba (f) | ประเทศคิวบา | bprà-thâyt khiw-baa |
| | | |
| Danimarca (f) | ประเทศเดนมาร์ก | bprà-thâyt dayn-màak |
| Ecuador (m) | ประเทศเอกวาดอร์ | bprà-thâyt ay-gwaa-dor |
| Egitto (m) | ประเทศอียิปต์ | bprà-thâyt bprà-thâyt ee-yíp |
| Emirati (m pl) Arabi | สหรัฐอาหรับเอมิเรตส์ | sà-hà-rát aa-ràp ay-mí-râyt |
| Estonia (f) | ประเทศเอสโตเนีย | bprà-thâyt àyt-dtoh-nia |
| Finlandia (f) | ประเทศฟินแลนด์ | bprà-thâyt fin-laen |
| Francia (f) | ประเทศฝรั่งเศส | bprà-thâyt fà-ràng-sàyt |

## 100. Paesi. Parte 2

| | | |
|---|---|---|
| Georgia (f) | ประเทศจอร์เจีย | bprà-thâyt jor-jia |
| Germania (f) | ประเทศเยอรมนี | bprà-thâyt yer-rá-ma-nee |

| | | |
|---|---|---|
| Ghana (m) | ประเทศกานา | bprà-thâyt gaa-naa |
| Giamaica (f) | ประเทศจาเมกา | bprà-thâyt jaa-may-gaa |
| Giappone (m) | ประเทศญี่ปุ่น | bprà-thâyt yêe-bpùn |
| Giordania (f) | ประเทศจอร์แดน | bprà-thâyt jor-daen |
| Gran Bretagna (f) | บริเตนใหญ่ | brì-dtayn yài |
| Grecia (f) | ประเทศกรีซ | bprà-thâyt grèet |
| | | |
| Haiti (m) | ประเทศเฮติ | bprà-thâyt hay-dtì |
| India (f) | ประเทศอินเดีย | bprà-thâyt in-dia |
| Indonesia (f) | ประเทศอินโดนีเซีย | bprà-thâyt in-doh-nee-sia |
| Inghilterra (f) | ประเทศอังกฤษ | bprà-thâyt ang-grìt |
| Iran (m) | ประเทศอิหราน | bprà-thâyt i-ràan |
| Iraq (m) | ประเทศอิรัก | bprà-thâyt i-rák |
| Irlanda (f) | ประเทศไอร์แลนด์ | bprà-thâyt ai-laen |
| Islanda (f) | ประเทศไอซ์แลนด์ | bprà-thâyt ai-laen |
| Israele (m) | ประเทศอิสราเอล | bprà-thâyt ìt-sà-răa-ayn |
| Italia (f) | ประเทศอิตาลี | bprà-thâyt i-dtaa-lee |
| | | |
| Kazakistan (m) | ประเทศคาซัคสถาน | bprà-thâyt khaa-sák-sà-thăan |
| Kenya (m) | ประเทศเคนยา | bprà-thâyt khayn-yâa |
| Kirghizistan (m) | ประเทศคีร์กีซสถาน | bprà-thâyt khee-gèet--à-thăan |
| Kuwait (m) | ประเทศคูเวต | bprà-thâyt khoo-wâyt |
| | | |
| Laos (m) | ประเทศลาว | bprà-thâyt laao |
| Lettonia (f) | ประเทศลัตเวีย | bprà-thâyt lát-wia |
| Libano (m) | ประเทศเลบานอน | bprà-thâyt lay-baa-non |
| Libia (f) | ประเทศลิเบีย | bprà-thâyt lí-bia |
| Liechtenstein (m) | ประเทศลิกเตนสไตน์ | bprà-thâyt lík-tay-ná-sà-dtai |
| Lituania (f) | ประเทศลิทัวเนีย | bprà-thâyt lí-thua-nia |
| Lussemburgo (m) | ประเทศลักเซมเบิร์ก | bprà-thâyt lák-saym-bèrk |
| | | |
| Macedonia (f) | ประเทศมาซิโดเนีย | bprà-thâyt maa-sí-doh-nia |
| Madagascar (m) | ประเทศมาดากัสการ์ | bprà-thâyt maa-daa-gàt-gaa |
| Malesia (f) | ประเทศมาเลเซีย | bprà-thâyt maa-lay-sia |
| Malta (f) | ประเทศมอลตา | bprà-thâyt mon-dtaa |
| Marocco (m) | ประเทศมอร์อคโค | bprà-thâyt mor-rók-khoh |
| Messico (m) | ประเทศเม็กซิโก | bprà-thâyt mék-sí-goh |
| Moldavia (f) | ประเทศมอลโดวา | bprà-thâyt mon-doh-waa |
| Monaco (m) | ประเทศโมนาโก | bprà-thâyt moh-naa-goh |
| Mongolia (f) | ประเทศมองโกเลีย | bprà-thâyt mong-goh-lia |
| Montenegro (m) | ประเทศมอนเตเนโกร | bprà-thâyt mon-dtay-nay-groh |
| | | |
| Namibia (f) | ประเทศนามิเบีย | bprà-thâyt naa-mí-bia |
| Nepal (m) | ประเทศเนปาล | bprà-thâyt nay-bpaan |
| Norvegia (f) | ประเทศนอร์เวย์ | bprà-thâyt nor-way |
| Nuova Zelanda (f) | ประเทศนิวซีแลนด์ | bprà-thâyt niw-see-laen |

## 101. Paesi. Parte 3

| | | |
|---|---|---|
| Paesi Bassi (m pl) | ประเทศเนเธอร์แลนด์ | bprà-thâyt nay-ther-laen |
| Pakistan (m) | ประเทศปากีสถาน | bprà-thâyt bpaa-gèet-thăan |
| Palestina (f) | ปาเลสไตน์ | bpaa-lâyt-dtai |

| | | |
|---|---|---|
| Panama (m) | ประเทศปานามา | bprà-thâyt bpaa-naa-maa |
| Paraguay (m) | ประเทศปารากวัย | bprà-thâyt bpaa-raa-gwai |
| Perù (m) | ประเทศเปรู | bprà-thâyt bpay-roo |
| Polinesia (f) Francese | เฟรนช์โปลินีเซีย | frayn-bpoh-lí-nee-sia |
| Polonia (f) | ประเทศโปแลนด์ | bprà-thâyt bpoh-laen |
| Portogallo (f) | ประเทศโปรตุเกส | bprà-thâyt bproh-dtù-gàyt |
| | | |
| Repubblica (f) Ceca | ประเทศเช็กเกีย | bprà-thâyt chék-gia |
| Repubblica (f) Dominicana | สาธารณรัฐ โดมินิกัน | săa-thaa-rá-ná rát doh-mí-ní-gan |
| Repubblica (f) Sudafricana | ประเทศแอฟริกาใต้ | bprà-thâyt àef-rí-gaa dtâi |
| Romania (f) | ประเทศโรมาเนีย | bprà-thâyt roh-maa-nia |
| Russia (f) | ประเทศรัสเซีย | bprà-thâyt rát-sia |
| | | |
| Scozia (f) | ประเทศสก็อตแลนด์ | bprà-thâyt sà-gòt-laen |
| Senegal (m) | ประเทศเซเนกัล | bprà-thâyt say-nay-gan |
| Serbia (f) | ประเทศเซอร์เบีย | bprà-thâyt sêr-bia |
| Siria (f) | ประเทศซีเรีย | bprà-thâyt see-ria |
| Slovacchia (f) | ประเทศสโลวาเกีย | bprà-thâyt sà-loh-waa-gia |
| Slovenia (f) | ประเทศสโลวีเนีย | bprà-thâyt sà-loh-wee-nia |
| | | |
| Spagna (f) | ประเทศสเปน | bprà-thâyt sà-bpayn |
| Stati (m pl) Uniti d'America | สหรัฐอเมริกา | sà-hà-rát a-may-rí-gaa |
| Suriname (m) | ประเทศซูรินาม | bprà-thâyt soo-rí-naam |
| Svezia (f) | ประเทศสวีเดน | bprà-thâyt sà-wĕe-dayn |
| Svizzera (f) | ประเทศสวิตเซอร์แลนด์ | bprà-thâyt sà-wìt-sêr-laen |
| | | |
| Tagikistan (m) | ประเทศทาจิกิสถาน | bprà-thâyt thaa-jì-gìt-thăan |
| Tailandia (f) | ประเทศไทย | bprà-tâyt thai |
| Taiwan (m) | ไต้หวัน | dtâi-wăn |
| Tanzania (f) | ประเทศแทนซาเนีย | bprà-thâyt thaen-saa-nia |
| Tasmania (f) | ประเทศแทสเมเนีย | bprà-thâyt thâet-may-nia |
| Tunisia (f) | ประเทศตูนิเซีย | bprà-thâyt dtoo-ní-sia |
| Turchia (f) | ประเทศตุรกี | bprà-thâyt dtù-rá-gee |
| Turkmenistan (m) | ประเทศ เติร์กเมนิสถาน | bprà-thâyt dtèrk-may-nít-thăan |
| | | |
| Ucraina (f) | ประเทศยูเครน | bprà-thâyt yoo-khrayn |
| Ungheria (f) | ประเทศฮังการี | bprà-thâyt hang-gaa-ree |
| Uruguay (m) | ประเทศอุรุกวัย | bprà-thâyt u-rúk-wai |
| Uzbekistan (m) | ประเทศอุซเบกิสถาน | bprà-thâyt ùt-bay-gìt-thăan |
| | | |
| Vaticano (m) | นครรัฐวาติกัน | ná-khon rát waa-dtì-gan |
| Venezuela (f) | ประเทศเวเนซุเอลา | bprà-thâyt way-nay-sú-ay-laa |
| Vietnam (m) | ประเทศเวียดนาม | bprà-thâyt wîat-naam |
| Zanzibar | ประเทศแซนซิบาร์ | bprà-thâyt saen-sí-baa |